I0025799

2ᵐᵉ EDITION →
(REVUE, CORRIGÉE ET AUGMENTÉE)

1898 — *Ville de Saint-Étienne* — 1898

LA SOLIDARITÉ FRANÇAISE

Noms, Adresses, Professions
État-Civil et Actes d'Association de

TOUS LES JUIFS

DE SAINT-ÉTIENNE & DE LA LOIRE

LA FRANCE AUX FRANÇAIS !

LE JUIF, VOILA L'ENNEMI !

PRIX UNIQUE :
0,30 c.

PRIX UNIQUE :
0,35 c
Franco Poste

Liste dressée par les soins de
PHILIPPE SAPIN
EX-VOYAGEUR DE COMMERCE
71, Cours Gambetta, 71
LYON

L'INDICATEUR ISRAELITE

donne les noms, professions et adresses de tous

LES JUIFS DE FRANCE

La composition de tous les Consistoires
et de toutes les Administrations du Culte Israëlite
en France

LES JUIFS DANS LES MINISTÈRES

*Les Juifs Sénateurs, Députés, Maires, Préfets, Consuls, Magistrats,
Avocats, Médecins, Banquiers, Professeurs, Officiers, Commissaires,
Les Juifs dans l'Armée, dans la Presse, etc., etc.*

L'auteur publie ensuite une très intéressante correspondance qu'il a échangé avec les Juifs au sujet de son Indicateur.

Dans ces lettres nous voyons des Juifs qui ne craignent pas de renier leur race et leur religion afin d'obtenir que leurs noms ne soient pas publiés. D'autres menacent l'auteur de le « traîner devant tous les Tribunaux compétents s'il ose publier leurs noms », tel le Député Reinach, par exemple, qui, bien que prévenu que son nom est publié trois fois, n'a encore rien « traîné » du tout. Son frère Théodore, et beaucoup d'autres Juifs avec lui, ne sont pas moins menaçants : « Nous irons trouver le Garde des Sceaux, Ministre de la Justice, écrivent-ils, afin d'empêcher cette publication scandaleuse *œuvre de haine et d'animosité* ». Et enfin, les lettres d'injures, de grossièretés, jusqu'aux lettres *de menaces de mort*, ont afflué chez l'auteur qui ne paraît pas s'en porter plus mal.

Bon nombre de ces lettres sont clichées afin que l'on ne puisse douter de leur authenticité, c'est cette correspondance compromettante, pour bon nombre d'entre eux, qui gêne surtout les Juifs.

Pour se tenir en garde contre les contrefaçons que le succès de son Indicateur ne peut manquer de faire naître l'auteur recommande de n'acheter que les exemplaires portant en tête de la couverture : « 2me Edition », et au milieu ♦Phil. Sapin.

Pour plus de sécurité et afin d'être bien certain de recevoir un ouvrage revu, corrigé et complet, s'adresser directement à l'auteur : *Phil. Sapin, 71, Cours Gambetta, Lyon*, contre 3 f. 10 mandat-poste.

—⟨ 2me ÉDITION ⟩→
(REVUE CORRIGÉE ET AUGMENTÉE)
5.000 Exemplaires

1898 — *Ville de Saint-Étienne* — 1898

LA SOLIDARITÉ FRANÇAISE

Noms, Adresses, Professions
État-Civil et Actes d'Association de

TOUS LES JUIFS

DE SAINT-ÉTIENNE & DE LA LOIRE

LA FRANCE AUX FRANÇAIS !
LE JUIF, VOILA L'ENNEMI !

PRIX :
0,25 c.
KIOSQUES

PRIX :
0,30 c.
Franco Poste

Liste dressée par les soins de
PHILIPPE SAPIN
EX-VOYAGEUR DE COMMERCE
71, Cours Gambetta, 71
LYON

Lk7
31160

Il est vraiment temps que les Français s'unissent et se solidarisent s'ils ne veulent pas succomber sous le poids du plus terrible des fléaux qui ait jamais pesé sur la France :

La Domination Juive.

AVIS

La première édition de cette petite brochure est due, en partie, à la générosité de quelques commerçants stéphanois, qui ont estimé notre œuvre utile.

Nous serons reconnaissants à ceux de leurs confrères qui seraient de même avis de vouloir bien suivre leur exemple afin de nous fournir les moyens nécessaires de tirer des éditions successives.

Nous serons toujours sur la brèche pour arrêter l'envahissement des Juifs, mais pour soutenir la lutte les munitions sont indispensables.

Nos lecteurs comprendront que notre brochure ne peut pas être confondue avec les publications courantes, car non-seulement nous encourons les procès et la prison — ce que nous ne redoutons pas, soit dit en passant — mais nous avons à payer assez chèrement les documents que nous publions ; ce qui fait que, malgré que nous vendions notre brochure nous n'arrivons que très péniblement à couvrir nos frais

A ceux donc qui approuvent notre campagne d'assainissement, ou qui peuvent y trouver leur intérêt, de vouloir bien nous fournir un peu de la « poudre » nécessaire pour aller au combat et nous leur en serons reconnaissants.

— Les souscriptions, et toute correspondance ayant trait à notre publication, doivent être adressées à l'auteur, 71, *Cours Gambetta, Lyon.*

A TOUS NOS AMIS

L'auteur adresse ses remercîments les plus sincères aux habitants de Saint-Etienne, pour l'accueil empressé qu'ils ont fait à sa modeste brochure, et leur en exprime toute sa reconnaissance.

Malgré les tentaives et les menaces de toutes sortes dont il est l'objet, et dont on lira des échantillons plus loin, l'auteur ne persévère pas moins dans l'œuvre d'épuration qu'il a entreprise.

Mais pour mener à bonne fin cette tâche laborieuse, et pleine d'écueils, il a besoin de tous les concours, et en particulier de celui de Messieurs les Prêtres, Religieux et Religieuses de tous ordres, et il leur serait reconnaissant de vouloir bien prêcher, **surtout par l'exemple,** l'interdiction des maisons juives à leurs paroissiens.

Les nombreuses marques de sympathie et d'encouragements qui lui sont venus de la Cité Stéphanoise lui ont certainement fait grand plaisir, mais il estime que son bonheur ne sera complet que lorsque Messieurs les Commerçants non-juifs de Saint-Etienne pourront lui dire que « La solidarité française » a produit d'heureux résultats, et que les conseils qui y sont donnés ont déjà trouvé de l'écho, dans les âmes vraiment patriotiques et françaises.

Un groupe de Stéphanois.

Appel aux Français de France

Tout le monde a entendu parler des Congrès de Reims, Paris et Lyon, etc., et dans lesquels tous les orateurs s'accordaient à reconnaître l'utilité qu'il y avait de connaître tous les Juifs de la France entière.

Plus récemment " la Libre Parole " ayant ouvert un Concours, dont le but était " d'indiquer les moyens les plus pratiques pour combattre les juifs sur le terrain économique ", cent cinquante concurrents ont reconnu, entre autres moyens, **qu'il était indispensable de connaître tous les Juifs de France afin d'éviter très soigneusement de s'approvisionner chez eux.**

Et enfin les procès scandaleux auxquels les juifs nous font assister, avec leur affaire Dreyfus, ne nous montrent-ils pas surabondamment que, tous les juifs sans exception, depuis le plus petit commerçant jusqu'au plus grand financier, en passant par leur Rabbin Zadoc Kahn, se solidarisent tous avec l'abominable bandit qui est à l'Ile du Diable ?

Ne se font-ils pas tous les complices du traître et ne nous montrent-ils pas ainsi que, s'ils ne trahissent pas notre Pays à tour de rôle, c'est parce qu'ils ne sont pas en situation de pouvoir le faire ?

Que leur importe, à tous ces misérables errants et sans patrie, que nous restions français ou que nous devenions Allemands, pourvu qu'ils puissent continuer à travailler en paix à notre ruine et à notre déshonneur ?

C'est donc pour toutes ces raisons qu'il devient désormais indispensable de connaître tous ceux qui appartiennent à cette race néfaste et maudite. Mais avant d'en dresser la liste nous allons faire appel aux lumières de nos principaux historiens et écrivains qui nous dirons en quelques lignes sommaires ce que sont les juifs, leurs mœurs, leurs aptitudes, l'usage qu'ils font de leur prétendue intelligence, etc.

A la solidarité juive opposons donc la **solidarité française** et prenons, une fois pour toutes, la détermination bien arrêtée de ne plus porter notre argent aux juifs dans aucun cas et sous n'importe quel prétexte. **Notre dignité nous le commande, notre patriotisme l'exige.**

LA LIGUE FRANÇAISE
DES PATRIOTES.

DE L'INTELLIGENCE ET DU SAVOIR

ou plutôt de la ruse et de la fourberie des Juifs.

Nous allons, tout d'abord, essayer d'esquisser quelques tours d'adresse et de fourberie que les Juifs exploitent avec assez de succès et sur lesquels nous voulons surtout attirer l'attention de nos amis. C'est lorsqu'il s'agit de marchandises que l'on achète généralement par douzaines et par grosses, ou bien encore par cent et par mille.

Voici un voyageur juif, d'une maison non moins juive, bien entendu, qui vient vous offrir des calendriers, par exemple. Il vous montre divers échantillons, vous discutez les prix, et finalement vous tombez d'accord avec lui à 60 fr. le mille.

C'est très bien ! Le youtre vous prépare un double de commission, il vous le passe, vous le lisez, et comme il a bien soin de vous endormir avec une histoire de brigands quelconque, vous signez sans prêter plus d'attention. Le Juif encaisse son double, vous fait force gracieusetés et Salamalecs, et vous voilà roulé !

Eh ! mon Dieu, oui ! sur le double que le Juif vous a passé, et que vous avez signé, il a bien écrit : Cinq mille calendriers, couleurs, etc., à *60 fr.*, mais il a négligé intentionnellement d'indiquer si c'était le *cent* ou le *mille*, et une fois sorti de chez vous il s'est empressé de réparer cet oubli, en ajoutant, après 60 fr., les mots : le *cent*. De telle sorte que vous vous trouvez avoir acheté 5,000 calendriers à 60 fr. le cent, au lieu de 60 fr. le mille, prix auquel vous avez consenti le marché.

Il en est à peu près de même pour les articles tels que mouchoirs, gants, limes, etc., que l'on achète à la douzaine et à la grosse. Ici, ce n'est pas trop sur le prix que vous êtes volé, c'est sur la quantité. Vous convenez, par exemple, d'un achat de 50 douzaines de gants à 20 francs la douzaine ; mais lorsque vous recevez votre facture, vous êtes tout surpris de voir que l'on vous a expédié 50 *grosses de gants*. Vous recourez alors à votre double de commission et, en le regardant de plus près, en le lisant plus attentivement, vous finissez par y trouver cette minuscule annotation dans quelque coin de la facture : *Nous ne vendons qu'à la grosse*. De telle sorte que vous, qui aviez commissionné 600 gants, vous êtes absolument obligés d'en recevoir 7,200. Inutile de plaider, vous perdriez votre temps et votre argent.

Vous vous adresserez aux tribunaux qui constateront parfaitement que vous n'avez eu à faire qu'à d'ignobles gredins, mais ils ne pourront que vous engager à payer.

Les Juifs qui excellent dans ce genre de trucs s'appellent Katz et Co, à Vincennes, pour les calendriers, et Kahn et Bloch, pour les limes, à Nancy, etc., etc., nous pourrions en citer des milliers comme ça.

⁂

Parlons un peu maintenant d'un truc que les Juifs exploitent toujours avec succès, puisque la race des gogos est impérissable, c'est le coup de la « Liquidation après faillite, » ou « après décès », ou bien encore « Vente forcée », fin de bail, » « affaire d'or », etc. », on liquide ainsi jusqu'à vingt et trente fois plus de marchandises que les magasins n'en ont jamais contenu. Nous avons vu cela pour la Maison Chaine et la Maison Mouth, de Lyon, comme nous le voyons actuellement pour la Maison des *Deux Jumeaux*, ici à Saint-Etienne. (En voilà un qui va bientôt exploiter le coup de la « Liquidation après faillite » ! Nous allons voir ça de près bientôt).

On couvre les devantures de ces magasins par des affiches, où l'on vous engage à vous hâter, parce qu'il n'y a plus que « quarante-trois jours » de vente par exemple, et ce commerce-là dure quelquefois des années. On entre là, bien convaincu que l'on payera meilleur marché, et l'on paie régulièrement une marchandise avariée ou camelotée beaucoup plus chère qu'on ne l'aurait payée neuve et fraîche dans un magasin ordinaire. On ne tarde du reste à s'en apercevoir bien vite, mais c'est trop tard, on est volé.

*
* *

Nous ne voudrions certainement pas lasser nos lecteurs, mais enfin, comme on nous parle si souvent de l'intelligence des Juifs, nous pourrions donner quelques échantillons de l'usage qu'ils font de cette intelligence dont ils se servent pour tromper, exploiter et voler le chrétien, c'est-à-dire celui qui n'est pas juif comme eux.

Voici, par exemple, un juif d'Avignon, un Strauss quelconque. Celui-là a contracté l'habitude de réclamer régulièrement une trentaine de francs, selon l'importance de l'envoi, sur chaque commande qu'il fait à ses fournisseurs, et cela sous prétexte de *manquants*, malgré que la marchandise demandée ne lui soit pas encore parvenue.

Certain jour, une maison de Chollet, dans laquelle il s'approvisionnait depuis longtemps, lasse de ces réclamations successives et régulières, finit par s'impatienter et envoyer paître notre youtre d'Avignon.

Mais, ô coïncidence fatale ! quelques jours après, la maison de Chollet recevait avis de la Compagnie P.-L.-M. que le ballot destiné au juif Strauss était perdu. Voilà donc un juif qui avait l'habitude de réclamer des rabais à des fournisseurs pour des manquants existant dans des ballots qui ne lui parvenaient même pas. On comprend qu'avec des trucs de ce genre, on puisse faire concurrence aux maisons honnêtes.

Et cet autre Juif qui..., mais on n'en finirait jamais, si l'on voulait faire l'énumération, même très succinte, de cette poignée de Juifs allemands qui nous envahissent, aussi bien dans l'armée, les Préfectures, la Magistrature, les Trésoreries, etc., qu'ils nous ont envahis dans le commerce ; mais nous voulons néanmoins raconter à nos lecteurs l'histoire de ce Juif, qui se place sous la protection de l'Enfant-Jésus ou de la Sainte-Vierge pour aller vendre ses chasubles et ses bronzes.

Voilà donc un Juif qui pousse l'audace et la fourberie jusqu'à s'intituler « Fabricant d'ornements d'église. » Il y a un an à peine qu'il venait encore ici faire ses achats chez nos grands fabricants, et, remarque importante, c'est que ce Juif ne voulait jamais que de la marchandise de la plus inférieure qualité ; oh ! mais si inférieure que nos maisons de Lyon ont dû envoyer paître ce repoussant personnage. Il a certainement dû trouver ailleurs ce qu'il lui fallait, puisqu'il n'est plus revenu à Lyon et que sa maison existe toujours.

Et pour montrer à nos lecteurs que nous n'avons pas pour habitude d'inventer les histoires que nous racontons, nous allons leur dire de suite que l'infect et ignoble Juif qui pousse encore l'imposture à un plus haut degré que le Juif Hesse de Saint-Etienne, dont nous dirons l'histoire tout-à l'heure, s'appelle *Michel Béer*, en français, *Michel Ours*, et que sa boutique est à Paris, 34, rue Saint-Sulpice. D'un côté de sa carte on voit l'Enfant Jésus, entouré de roses et d'oliviers, et de l'autre l'adresse du Juif.

Eh bien ! voilà un individu qui, non seulement ne fabrique rien, mais n'achète que la plus infecte camelote. Il parcourt la France pour exploiter nos vénérables Prêtres et nos monastères de tous ordres. Il se présente à eux avec sa carte d'une main et un chapelet de l'autre, il est immédiatement introduit et ne tarde pas à être là comme chez lui. Du reste, comment un Prêtre n'accueillerait-il pas à bras ouverts un homme aussi vertueux et aussi pieux ? Comment n'accorderait-il pas toute sa confiance à un homme qui sait si bien associer l'Enfant-Jésus à son commerce ?

Il est un fait qu'il est assez difficile à un Prêtre, qui est la personnification de l'honnêteté même, de pouvoir supposer qu'un homme fut capable de pousser l'infamie à ce point de se placer sous le patronage de l'Enfant-Jésus, surtout si cet homme n'est pas un catholique. Le Prêtre s'en apercevrait-il, et ferait-il part de sa surprise au Juif qui est en face de lui, ainsi que cela est arrivé ces jours-ci dans la Loire, que le Juif ne serait pas embarrassé pour si peu :

« Oh ! mon pon Mossieu le curé ! comment, moi un chuif ! quel
« est donc le méchant qui a pu vous tromper ainsi ? Ah ! Ils ont
« été des piens crands criminels les chuifs qui ont crucifié ce chen-
« til bétit Chessus. La Sainte Vierche et Saint Chosseffe ils étaient
« le modèle de toutes les familles de la Chudée. Ah ! si ch'avais
« été au Calvaire, moi, mossieu le curé, che fus carantis pien que
« ché l'aurais empêché ce crand malheur qui est arrivé là ! »

Et naturellement, une pareille exclamation poussée par un
homme qui se met à genoux, les mains jointes et les yeux vers la
terre, ne peut manquer de produire son effet. Le Prêtre donne sa
bénédiction à ce saint homme, et les commandes de chasubles,
ciboires, etc., pleuvent sur le Juif qui inonde de sa pacotille tous
les couvents et presbytères qu'il a pu visiter.

Et ce qu'il y a de plus regrettable c'est que, pendant ce temps-
là, les commerçants français, qui ne sont ni des fourbes, ni des
coquins, qui dédaignent ces hypocrites exhibitions de chapelets,
ou autres scapulaires ; ces commerçants, disons-nous, se voient dé-
laissés et abandonnés au profit d'ignobles Juifs. Mais nous avons
la certitude que maintenant que la lumière se fait jour insensi-
blement chez nos Prêtres et nos Supérieurs de couvent, ils sauront
désormais reconnaître et accueillir leurs vrais amis et chasser
cette lèpre juive. Et voilà donc pourquoi nous voulons faire connaître toutes les maisons juives à tous les citoyens français et
surtout à Messieurs les Prêtres ou Religieux de tous ordres, afin
qu'ils évitent avec soin d'y porter désormais leur argent.

Si les Juifs estiment que nous leur faisons une concurrence
déloyale, en conseillant à tous les citoyens français de ne plus
aller chez eux, ils n'ont qu'à s'adresser aux tribunaux, c'est là
que nous les attendons. C'est là alors que nous nous chargerons
d'établir la loyauté qu'ils emploient eux, en matière commerciale.
Nous mettrons dans la balance de la justice les méfaits des uns
et des autres, et le Pays jugera. En attendant, nous estimons
qu'en agissant ainsi nous ne faisons que notre devoir et que nous
n'usons que de notre droit.

Du reste, pour bien montrer que nous ne voulons nullement
nous faire provocateurs et que nous voulons simplement nous

tenir en garde contre la pieuvre juive qui ne rêve que notre ruine et notre anéantissement, nous allons publier ici le discours prononcé par le grand Rabbin John Réadelif, en 1880. Ce discours résume la doctrine, les projets, en un mot, le programme de la juiverie. Nous le publions in-extenso dans cette édition parce qu'il nous a été demandé par un grand nombre de familles de Saint-Etienne qui en ont saisi la porté considérable. Nous faisons appel ici à toute l'attention de nos lecteurs.

. . . .
Lorsque dit-il, nous nous serons rendus les uniques possesseurs de tout l'or de la terre, la vraie puissance passera entre nos mains, et alors s'accompliront les promesses qui ont été faites à Abraham.

L'or, la plus grande puissance de la terre.... l'or, qui est la force, la récompense, l'instrument de toute puissance, ce tout, que l'homme craint et qu'il désire !... voilà le seul mystère, la plus profonde science sur l'esprit qui régit le monde. Voilà l'avenir !

. . . .
Jetons seulement les yeux sur l'état matériel de l'Europe et analysons les ressources que se sont procurées les Israélites depuis le commencement du siècle actuel par le seul fait de la concentration entre leurs mains, des immenses capitaux dont ils disposent en ce moment... Ainsi à Paris, Londres, Vienne, Berlin, Amsterdam, Hambourg, Rome, Naples, etc., et chez tous les Rothschild, partout, les Israélites sont maîtres de la situation financière, par la possession de plusieurs milliards sans compter que, dans chaque localité de second et de troisième ordre, ce sont eux encore qui sont les détenteurs des fonds en circulation, et que, partout, sans les fils d'Israël, sans leur influence immédiate, aucune opération financière, aucun travail important ne pourrait s'exécuter.

Aujourd'hui, tous les empereurs, rois et princes régnants sont obérés de dettes contractées pour l'entretien d'armées nombreuses et permanentes, afin de soutenir leurs trônes chancelants. La Bourse côte et règle ces dettes, et nous sommes en grande partie maîtres de la Bourse sur toutes les places. C'est donc à faciliter encore de plus en plus les emprunts qu'il faut nous étudier, afin de nous rendre les régulateurs de toutes les valeurs et, autant que faire se pourra, prendre en nantissement des capitaux que nous fournissons aux pays, l'exploitation de leurs lignes de fer, de leurs mines, de leurs forêts, de leurs grandes forges et fabriques ainsi que d'autres immeubles, voire même de leurs impôts.

L'agriculture restera toujours la grande richesse de chaque pays. La possession des grandes propriétés territoriales vaudra toujours des honneurs et une grande influence aux titulaires. Il suit de là que nos efforts doivent tendre aussi à ce que nos frères en Israël fassent d'importantes acquisitions territoriales. Nous devons donc, autant que possible, pousser au fractionnement de ces grandes propriétés, afin de nous en rendre l'acquisition plus prompte et plus facile.

Sous le prétexte de venir en aide aux classes travailleuses, il faut faire supporter aux grands possesseurs de la terre tout le poids des impôts, et lorsque les propriétés auront passé dans nos mains, tout le travail des prolétaires chrétiens deviendra pour nous la source d'immenses bénéfices.

L'Eglise chrétienne étant un de nos plus dangereux ennemis, nous devons travailler avec persévérance à amoindrir son influence, il faut donc greffer autant que possible, dans les intelligences de ceux qui professent la religion chrétienne, les idées de libre-pensée, de scepticisme, de schisme et provoquer les disputes religieuses si naturellement fécondes en divisions et en sectes dans le christianisme.

Logiquement, il faut commencer par déprécier les ministres de cette religion, déclarons-leur une guerre ouverte, provoquons les soupçons sur leur conduite privée et, par le ridicule et par le persiflage, nous aurons raison de la considération attachée à l'état et à l'habit.

Que Messieurs les Prêtres et Religieux de tous ordres veuillent bien constater *et se souvenir surtout*, que les conseils qui ont été donnés, sur ce point, ont été soigneusement suivis. Ils peuvent se rendre compte toujours que les Juifs savent admirablement outrager et injurier tout ce qui touche au costume religieux aussi bien qu'à la personne qui en est revêtue.

Chaque guerre, chaque révolution, chaque ébranlement politique ou religieux rapproche le moment où nous atteindrons le but suprême vers lequel nous tendons.

Le commerce et la spéculation, deux branches fécondes en bénéfices, ne doivent jamais sortir des mains israélites, et d'abord il faut accaparer le commerce de l'alcool, du beurre, du pain et du vin, car par là *nous nous rendrons maîtres absolus de toute l'agriculture et en général de toute l'économie rurale.* Nous serons les dispensateurs des grains à tous, mais s'il survenait quelques mécontentements produits par la misère, il nous sera toujours temps d'en rejeter la responsabilité sur les gouvernements.

Tous les emplois publics doivent être accessibles aux Israélites, et, une fois devenus titulaires, nous saurons, par l'obséquiosité et la perspicacité de nos *facteurs*, pénétrer jusqu'à la première source de la véritable influence et du véritable pouvoir. Il est entendu qu'il ne s'agit que de ces emplois auxquels sont attachés les honneurs, le pouvoir ou les privilèges, car pour ceux qui exigent le savoir, le travail et le désagrément, ils peuvent et doivent être abandonnés aux chrétiens. La magistrature est pour nous une institution de première importance.

La carrière du barreau développe le plus la faculté de civilisation et initie le plus aux affaires de ces ennemis naturels, les chrétiens, et c'est par elle que nous pouvons les réduire à notre merci. Pourquoi les Israélites ne deviendraient-ils pas ministres de l'Instruction publique, quand ils ont eu si souvent le portefeuille des finances ? Les Israélites doivent aussi aspirer au rang de législateurs, en vue de travailler à l'abrogation des lois faites par les Goïms (les non-juifs) contre les enfants d'Israël, les vrais fidèles, par leur invariable attachement aux saintes lois d'Abraham.

. . . .

Ces vocations sont inséparables de la spéculation. Ainsi la production d'une composition musicale, ne fût-elle que très médiocre, fournira aux nôtres une raison plausible d'élever sur un piédestal et d'entourer d'une auréole l'Israélite qui en sera l'auteur. Quant aux sciences, médecine et philosophie, elles doivent faire également partie de notre domaine intellectuel.

Un médecin est initié aux plus intimes secrets de la famille et a, comme tel, entre les mains, la santé et la vie de nos mortels ennemis, les chrétiens.

Nous devons encourager les alliances matrimoniales entre Israélites et chrétiens, car le peuple d'Israël, sans risquer de perdre à ce contact, ne peut que profiter de ces alliances ; l'introduction d'une certaine quantité de sang impur dans notre race, élue par Dieu, ne saurait la corrompre, et nos filles fourniront par ces mariages des alliances avec les familles chrétiennes en possession de quelque ascendant et pouvoir. En échange de l'argent que nous donnerons, il est juste que nous obtenions l'équivalent en influence sur tout ce qui nous entoure. La parenté avec les chrétiens n'emporte pas une déviation de la voie que nous nous sommes tracée, au contraire ; avec un peu d'adresse, elle nous rendra les arbitres de leur destinée.

Il serait désirable que les Israélites s'abstinssent d'avoir pour maîtresses des femmes de notre sainte religion, et qu'ils choisissent pour ce rôle parmi les vierges chrétiennes. Remplacer le sacrement de mariage à l'église par un simple contrat devant une autorité civile quelconque, serait pour nous d'une grande importance, car alors les femmes chrétiennes afflueraient dans notre camp.

Si l'or est la première puissance de ce monde, la seconde est sans contredit *la presse*. Mais que peut la seconde sans la première ? Comme nous ne pouvons réaliser ce qui a été dit plus haut, sans le secours de la presse, il faut que les nôtres président à la direction de tous les journaux quotidiens dans chaque pays. La possession de l'or, l'habileté dans le choix des moyens d'assouplissement des capacités vénales nous rendront les arbitres de l'opinion publique et nous donneront l'empire sur les masses.

En marchant ainsi pas à pas dans cette voix et avec la persévérance qui est notre grande vertu, nous repousserons les chrétiens et rendrons nulle leur influence. Nous dicterons au monde ce en quoi il doit avoir foi, ce qu'il doit honorer et ce qu'il doit maudire. Peut-être quelques individualités s'élèveront-elles contre nous et nous lanceront-elles l'injure et l'anathème, mais les masses dociles et ignorantes écouteront et prendront notre parti. Une fois maîtres absolus de la presse, nous pourrons changer les idées sur l'honneur, sur la vertu, la droiture de caractère et porter le premier coup à cette institution *sacro sainte*, jusqu'à présent, *la famille* et en consommer la dissolution. *Nous pourrons extirper la croyance et la foi dans tout ce que nos ennemis les chrétiens ont jusqu'à ce moment vénéré, et nous faisant une arme de l'entraînement des passions, nous déclarerons une guerre ouverte à tout ce qu'on respecte et vénère.* (Voilà ce que vient de faire l'ordurier Zola).

Que tout soit compris, noté et que chaque enfant d'Israël se pénètre de ces vrais principes. Alors notre puissance croîtra comme un arbre gigantesque dont les branches porteront des fruits qui se nomment : *richesse, jouissance, pouvoir*, en compensation de cette condition hideuse qui, pendant de longs siècles, a été l'unique lot du peuple d'Israël.

Lorsque l'un des nôtres fait un pas en avant, que l'autre le suive de près ; que si le pied lui glisse qu'il soit secouru et relevé par ses correligionnaires. Si un israélite est cité devant les tribunaux du pays qu'il habite, que ses frères en religion s'empressent de lui donner aide et assistance, mais seulement lorsque le prévenu aura agi conformément aux lois qu'Israël observe strictement et garde depuis tant de siècles.

Notre peuple est conservateur fidèle aux cérémonies religieuses et aux usages que nous ont légués nos ancêtres.

Notre intérêt est qu'au moins nous simulions le zèle pour les questions sociales à l'ordre du jour, celles surtout qui ont trait à l'amélioration du sort des travailleurs, mais en réalité nos efforts doivent tendre à nous emparer de ce mouvement de l'opinion publique et à le diriger.

. . . .

Il faut autant que possible, entretenir le prolétariat, le soumettre à ceux qui ont le maniement de l'argent. Par ce moyen nous

soulèverons les masses quand nous le voudrons. Nous les pousse-
rons aux bouleversements, aux révolutions, et chacune de ces
catastrophes avance d'un grand pas nos intérêts intimes et nous
rapproche rapidement de notre unique but, celui de régner sur
la terre, comme cela avait été promis à notre Père Abraham.

(Nous croyons devoir ajouter que ce discours est de la plus scru-
puleuse exactitude, que son authenticité n'a jamais été mise en
doute par les juifs et qu'ils se sont bien gardés de jamais la dé-
mentir, malgré les nombreuses reproductions qui ont paru dans
divers journaux de Paris).

Français, voilà donc le plan de la juiverie cosmopolite tel qu'il
a été révélé il y a dix-huit ans, tel qu'il est poursuivi depuis des
siècles, tel qu'il est appliqué spécialement en ce siècle en France.

La toute-puissance de l'or juif; la main-mise sur les États par
les dépenses folles, les emprunts et les impôts;

L'accaparement du commerce, de l'industrie et de l'agriculture;

L'accaparement des denrées alimentaires ou autres objets indispensables à la vie.

Les râfles du Honduras, des valeurs Portugaises, l'affaire des
chemins de fer du Sud, le Panama, les mines d'or, etc., etc.

Le peuple réduit à la misère et au prolétariat.

La religion catholique, celle qui a fait la grandeur de la France,
persécutée, vilipendée, insultée;

La presse juive, corrompant les âmes et l'esprit national, de-
venue entre les mains des exploiteurs une arme toute-puissante.

Littérature vénale, arts immondes au service de la secte cor-
ruptrice, etc., etc., voilà l'œuvre accompli en ce siècle par la
juiverie avec la complicité de la franc-maçonnerie et du protes-
tantisme.

En ce moment, les Juifs et leurs séides donnent le dernier
coup aux idées de vertu, d'honneur et de patriotisme! L'infâme
Zola les a admirablement bien servis dans cette œuvre.

L'armée de la nation succombera-t-elle sous leurs coups per-
fides ?

Ils rêvent la fin prochaine de notre patrie française et son
remplacement par je ne sais quelle domination du veau d'or qui
s'étendrait de la France, centre de ses viles opérations finan-

cières 'et oppressives du peuple, sur toutes les nations .europ-
péennes et sur le monde entier.

Voilà donc les gens auxquels nous continuerions à donner
notre argent pour les aider à nous écraser plus facilement! Non,
il n'en sera certainement plus ainsi. Non, il ne sera pas dit que
ce peuple français, qui a toujours passé à bon droit pour être un
peuple de braves, continue plus longtemps à passer pour un
peuple de naïfs et de gogos, pour un peuple destiné à être éternellement victime des Juifs!

DE L'AMOUR DES JUIFS POUR LE TRAVAIL

Il nous arrive, rarement il est vrai, d'entendre des gens qui
nous disent que les Juifs sont travailleurs et intelligents.

Que l'on nous dise que les Juifs sont rusés, qu'ils sont hâ-
bleurs, flagorneurs, menteurs, bas et rampants, oui nous com-
prendrons encore; mais intelligents et travailleurs, jamais!
Ce sont des parasites qui ne produisent absolument rien et, par
conséquent, volent la collectivité.

A-t-on jamais vu un Juif aider à la construction d'une maison? A-t-on jamais vu un Juif paver les rues ou labourer la
terre? A-t-on jamais vu un Juif raboter le bois ou limer le fer?
A-t-on jamais vu un Juif exposer sa vie pour essayer de sauver celle de son semblable? A-t-on jamais vu un Juif casser
des cailloux? A-t-on jamais vu un Juif descendre dans une
mine pour travailler à l'extraction de la houille? Non jamais!
Ce n'est pas cette mine-là que le Juif exploite, elle ne donne
pas assez de bénéfices et beaucoup trop d'ampoules.

Non, le travail proprement dit, la peine en un mot, ne saurait convenir à cette race infecte de parasites et de fainéants.

Les Juifs laissent aux autres le soin de peiner et de trimer;

ils leur laissent encore le soin de faire des économies, ils le leur conseillent même par l'intermédiaire des journaux à leur solde : « Economisez, braves ouvriers, s'écrient les journaux « juifs, privez-vous du nécessaire s'il le faut, mais épargnez « sans cesse, épargnez toujours ; sans l'ordre et l'épargne une « famille est perdue. » Et quand l'ouvrier a bien économisé, les Juifs s'embusquent à la quatrième page de ces mêmes journaux qui ont prêché l'économie, et c'est de là qu'ils dévalisent nos compatriotes assez naïfs pour toujours écouter toutes ces annonces et tous ces prospectus absolument mensongers. Mais quand donc, grand Dieu ! les Français finiront-ils donc par comprendre que, si toutes ces affaires qu'on leur propose, soit par affiches, soit par prospectus ou par journaux, étaient réellement des affaires aussi sûres, aussi brillantes et aussi avantageuses qu'on le leur dit, les Juifs ne les leur proposeraient pas, ils les feraient eux-mêmes, d'autant plus qu'ils ont tout l'argent nécessaire pour cela. Et cet argent, ils l'ont volé dans les « Réassurances générales, » ils nous l'ont volé avec le Honduras, ils nous l'ont volé avec les valeurs Grecques et les valeurs Portugaises, comme ils nous le volent actuellement avec les valeurs Italiennes et surtout avec ces fameuses *Mines d'or* avec lesquelles ils nous ont déjà raflé près d'un *milliard* de francs, et enfin dans le Panama, où ils nous ont englouti un *milliard et demi*.

DE LA FACILITÉ QU'ONT LES JUIFS
Pour parler plusieurs langues.

Eh ! mon Dieu ! cette facilité qu'ont les Juifs de parler plusieurs langues s'explique facilement. Le Juif est errant par nature et par tempérament. Il voyage sans cesse et toujours, ce qui explique pourquoi il n'a pas de patrie. Il est Français aujourd'hui, il sera Espagnol demain, absolument comme il était Allemand hier et qu'il sera Autrichien après-demain, si la France l'expulse. Il n'aime et il n'habite que le pays où il y a le plus à prendre et à voler. Nous pouvons citer des Juifs qui sont naturalisés Autrichiens, Allemands et Français.

Dans toutes les contrées que le Juif a dû traverser pour venir de la Judée, il y a séjourné un certain nombre d'années et il y a eu de la progéniture. Cette graine connaissait à peine la langue du pays où elle avait vu le jour, que la Smala allait planter sa tente dans un pays voisin, dont il lui fallait également apprendre la langue; et ainsi de suite, jusqu'à ce que cette tourbe de doigts crochus s'est enfin abattue sur la France, dont elle veut faire sa proie. Ils ne doivent donc cette facilité qu'ils paraissent avoir de parler plusieurs langues qu'à ce fait, d'avoir été chassés de tous les pays qu'ils ont successivement traversés pour venir de la Judée.

UNE VISITE CHEZ LES JUIFS BICKERT

Notre brochure était déjà sous presse lorsque le petit incident suivant nous est survenu dans le cours de nos pérégrinations chez les généreux souscripteurs de notre brochure. Comme elle peut intéresser nos lecteurs, nous allons laisser la parole à la personne qui avait tenu à se charger de ce travail, disons de suite que c'est l'auteur lui-même de cette brochure:

Le 25 octobre, je me suis présenté chez Messieurs Bickert frères, fabricant de lingerie et chemiserie, 95, rue Molière, Lyon, dans le but d'obtenir de ces Messieurs une petite souscription à notre *Indicateur des Juifs*. Je suis reçu par un des trois frères. Tout en lui remettant ma carte, je lui expliquais le but de ma visite à peu près en ces termes : « Je viens vous voir, Monsieur, pour vous faire part d'une publication que nous allons faire paraître incessamment et qui certainement vous intéressera.

« Nous avons dû prendre cette détermination à la suite de nombreuses demandes qui nous sont parvenues à la Ligue antisémite. Bon nombre de nos amis, voire même des Prêtres et des Religieuses, s'égaraient dans les maisons juives, — où ils n'auraient jamais voulu entrer, — et cela à leur insu ou par ignorance, ou plutôt mal renseignés par les journaux auxquels ils sont abonnés. C'est donc pour réagir contre cet état de choses et pour satisfaire à leur demande bien légitime que nous venons vous demander de vouloir bien nous aider dans notre petite entreprise. »

J'en étais là de mon explication, lorsque le Monsieur qui m'avait accueilli me pria de vouloir bien le suivre. Il me conduisit dans un bureau où étaient déjà deux autres Messieurs ; je me trouvais donc en présence des trois frères Bickert. Celui qui m'avait introduit me présenta à ses deux frères, en leur disant en deux mots le but de ma visite.

L'un des trois frères me dit alors : — Eh bien ! Mossieu, nous sommes tous les *chuifs* ici !

J'avais bien envie de lui dire qu'il en avait bien l'air et l'accent pour que je n'en puisse douter, j'ai dû me contenter de le penser ; mais enfin il n'y avait plus de doute possible, j'étais bien chez des Juifs. En face d'une pareille surprise, j'avoue que je n'ai pas pu m'empêcher de rire. — Ma foi, Monsieur, lui répliquais-je, vous m'excuserez de vous avoir dérangé, mais je dois vous déclarer qu'en venant chez vous, j'avais la conviction d'entrer chez de fervents catholiques.

— Ça ne nous étonne pas, M'sieu, et malgré que nous sommes des *Chuifs*, nous *tonnons beaucoup* aux *ponnes œuvres gadholiques*.

— Je n'en doute pas, Monsieur, mais vous me permettrez bien de vous dire que, si vous donnez, ce ne doit être, sans doute, qu'avec la conviction que ça vous rapportera. Une bonne œuvre doit toujours être ignorée ; si l'on cherche à en tirer vanité, c'est que l'on cherche aussi à en tirer profit.

— Nous faisons travailler beaucoup de Communautés religieuses, M'sieu, savez-vous ?

— C'est possible, Monsieur, mais c'est sans doute aussi parce que ces communautés vous font votre travail dans de meilleures conditions que partout ailleurs, sans cela vous ne leur donneriez pas votre lingerie pour le plaisir de la payer plus cher qu'ailleurs.

— Nous n'occupons rien que des catholiques chez nous, Monsieur !

— Mais, Monsieur, vous êtes bien forcé d'occuper des catholiques, car vous savez bien mieux que moi que les Juifs sont des paresseux que vous ne feriez jamais travailler. Je ne fais pas de personnalité ici, Messieurs, je parle en général, mais vous n'ignorez pas plus que moi que les Juifs ne se sont jamais blessés en travaillant.

— Eh *pien*, M'sieu, vous pouvez dire que nous sommes des *Chuifs* et vous pouvez inscrire notre nom sur votre brochure, ça nous est *écal*, ça ne nous fait pas peur ! (1)

— Monsieur, je dois vous dire que nous n'avons jamais eu l'intention de faire peur à personne, les Juifs veulent nous envahir, nous voulons les arrêter. Nous n'attaquons personne, nous ne voulons que nous défendre et voilà tout !

— Vous avez tort d'en vouloir aux Juifs, Mossieu, parce qu'eux n'en veulent nullement aux Catholiques, pas plus qu'aux Protestants.

— Je vous en prie, Messieurs, ne faites pas intervenir la question de religion, qui n'a rien à voir dans l'œuvre d'épuration que nous voulons entreprendre. Nous respectons les Juifs qui vont dans leur Synagogue, les Catholiques qui vont dans leur Eglise, les Protestants qui vont dans leur Temple, absolument comme nous respectons les Mahométans qui vont

---

(1) Ces Messieurs prétendaient alors que « ça leur était bien écal que l'on tisse qu'ils étaient chuifs, » mais il n'*embêche* qu'ils m'ont assigné devant le tribunal civil de Lyon en paiement de 20,000 fr. de dommages et intérêts, pour avoir publié leurs noms dans une liste de Juifs.

Le tribunal leur a accordé 25 fr. ; comme ce n'est pas trop cher, continuons donc.

à la mosquée (1). Nous respectons toutes les croyances et toutes les religions, absolument comme nous exigeons que l'on respecte les nôtres.

Nous avons toujours respecté vos Rabbins et vos Ministres, et cependant vos journaux, *La Lanterne* en tête, n'ont jamais cessé un seul jour d'insulter nos Prêtres et nos bonnes Sœurs.

— Vous avez tort, Monsieur, continue mon interlocuteur, de vouloir empêcher les gens d'aller acheter où ils veulent.

— Nous ne voulons rien empêcher du tout, Monsieur ; des amis et des Prêtres, ainsi que des Supérieurs de communautés nous ont demandé de leur faire connaitre les maisons juives, nous avons voulu leur donner satisfaction, voilà tout ! après ça, ils iront s'approvisionner où bon leur semblera, ce sera alors affaire entre eux et leur conscience. Néanmoins, nous avons lieu de compter que Messieurs les Prêtres surtout voudront bien se souvenir qu'ils ont mieux à faire que de porter leur argent chez les descendants de ceux qui ont crucifié le Dieu qu'ils adorent chaque jour à l'autel.

— Vous avez tort, Monsieur, de combattre les *Chuifs* avec tant d'acharnement.

— Nous ne combattons personne, Monsieur, nous ne cherchons, au contraire, qu'à nous défendre des attaques des Juifs qui veulent absolument nous envahir, et faire de nous leurs

(1) A propos des Mahométans, nous devons dire à nos lecteurs qu'il y a des gens qui insinuent que NOUS VOULONS RESSUSCITER LES GUERRES DE RELIGION en cherchant à combattre les Juifs.
Si ceux qui tiennent un semblable raisonnement voulaient prendre la peine d'aller faire un tour en Algérie, ils y trouveraient des arabes mahométans, — et par conséquent nullement chrétiens, — qui aiment tellement les Juifs, qu'ils n'attendent qu'un signal du gouverneur de nos colonies pour les flanquer tous dans la Méditerranée.
« Nous ne demandons que vingt-quatre heures, disent ces braves arabes, « pour débarrasser à tout jamais l'Algérie de la fripouille juive. »
Nous le répétons, ces gens-là ne sont pas chrétiens, puisqu'ils adorent Mahomet, ce qui ne les empêche pas d'avoir une aversion terrible pour tout ce qui est juif. Cet exemple démontre surabondamment que partout la haine du Juif est vivace et profonde ; et il faut vraiment avoir une fière dose de naiveté ou de mauvaise foi pour insinuer qu'en cherchant à se défendre de l'envahissement du Juif on cherche à raviver les guerres de religion. Ceci dit, reprenons notre entretien chez les frères Bickert.

esclaves. Pour mon compte personnel, j'ai la haine du Juif, parce que mon pauvre père, qui a travaillé et peiné pendant plus de cinquante ans, s'est vu dévaliser de ses petites économies et ruiné par les Juifs dans le Honduras ou autres valeurs de ce genre, et cela en quelques mois.

— Oh ! mais, Monsieur, nous connaissons des catholiques qui sont encore plus voleurs que les *Chuifs* : voyez donc votre banque de l'Union Générale ; elle n'était pas juive, celle-là !

— Non, Monsieur, non seulement l'Union Générale n'était pas juive, mais c'était une banque essentiellement catholique, et c'est justement parce qu'elle était catholique que votre Rothschild a tenu à la faire sombrer, afin de fournir, une fois de plus, aux journaux juifs, l'occasion de discréditer les catholiques en général et messieurs les Curés en particulier. Sachez que Rothschild fera toujours tomber, quand il lui plaira, toutes les banques qui le gêneront.

Maintenant, s'il y a des catholiques qui sont devenus des voleurs, c'est que l'exemple a été contagieux, voilà tout. Mais ce qu'il y a de certain, c'est qu'il n'y avait pas tant de voleurs en France, quand il n'y avait pas de Juifs ; et il n'y a des voleurs, dans notre malheureux pays, absolument que depuis que les Juifs l'ont envahi et qu'ils veulent essayer d'en faire leur Terre Promise. Mais ils n'y réussiront pas, vous pouvez en être certain, car il y a encore heureusement, en France, des hommes résolus à se faire tuer plutôt que de se laisser étreindre par la pieuvre juive. »

Voyant que mon interlocuteur ne me disait plus rien et que mes réponses ne lui souriaient que médiocrement, je profitai de ce silence de quelques secondes pour m'excuser auprès de ces Messieurs, et je me retirai. Je dois à la vérité de déclarer qu'ils ont été d'une courtoisie parfaite ; malgré la délicatesse de l'entretien et le terrain brûlant sur lequel il roulait, malgré les dures vérités que je me suis vu dans l'obligation de leur faire entendre, ils ne m'ont pas interrompu une seule seconde. J'ai la conviction que je me suis trouvé en face de gens fort bien élevés, mais malheureusement ce sont des Juifs. Nous connais-

sons des Allemands et des Prussiens qui sont également fort
gentils et fort convenables ; mais voilà toujours le *hic* : ce sont
des Allemands. Et pour nous, les Allemands, les Juifs ou les
Prussiens, nous n'en faisons aucune différence, et tant qu'il
nous restera une goutte de sang dans les veines, nous les com-
battrons avec la même ardeur et la même énergie. Les Prussiens ont peut-être cette différence à leur avantage, c'est que,
s'ils sont nos ennemis aujourd'hui, ils peuvent ne plus l'être
demain, tandis que les Juifs nous ont toujours voué et nous
voueront éternellement une haine implacable, contre laquelle
nous devons nous défendre.

Je n'avais certainement jamais eu l'idée d'entrer dans une
maison juive pour y recueillir une souscription pour une brochure destinée à les combattre, mais enfin je n'en remercie pas
moins la *Ligue populaire Lyonnaise pour le repos du diman-
che,* — car je dois dire que c'est à cette publication religieuse
que je dois l'adresse de MM. Bickert frères. — Je ne l'en remercie pas moins, dis-je, de m'avoir fourni ainsi l'occasion de dire
de vive voix à des Juifs ce que je pensais de leur race. Aussi,
me voilà donc à mon aise maintenant pour continuer à écrire
encore tout ce que je pense d'eux et que le temps ne m'a pas
permis de dire aux frères Bickert.

LE HAUT COMMERCE LYONNAIS
ET LES JUIFS

En faisant notre tournée de souscription dans le haut commerce de la Société lyonnaise et de la rubannerie de Saint-
Etienne, nous avons pris la respectueuse liberté de demander
à quelques-uns de ces messieurs ce qu'ils pensaient des Juifs
en général.

Nous voici chez de grands fabricants de velours. Très édifiés à l'endroit des Juifs, et les ayant bien étudiés sans doute et depuis plus longtemps, ces messieurs nous disaient que, depuis quelques années, les Juifs paraissaient vouloir devenir plus corrects, que les relations commerciales avec eux tendaient à devenir plus loyales et plus honnêtes. A quoi cela peut-il tenir, nous ajoutaient-ils. Nous pensons bien, que s'ils s'observent ainsi, c'est peut-être parce qu'ils se sentent surveillés, mais enfin nous n'en faisons pas moins cette constatation : que les rapports avec eux sont plus agréables qu'il y a quelques années.

D'autres enfin, et ceux-là étaient les plus nombreux, nous disaient aussi qu'ils avaient des relations commerciales très importantes avec les Juifs.

« Nous voulons bien reconnaître l'honnêteté des Juifs, nous « disaient-ils, mais nous ne devons pas cacher qu'il y a longtemps « que nous sommes fixés sur la valeur de cette honnêteté fac- « tice, et que nous n'en continuons pas moins à les tenir au « doigt et à l'œil. Car, si les Juifs ne nous ont pas encore volés, « *nous avons la conviction que ce n'est que parce qu'ils n'ont* « *pu faire autrement.*

« Cette honnêteté est trop obstensible et trop calculée pour « qu'elle soit vraie, nous disait un grand fabricant de dentelles « du quartier Tholozan ; je ne dis rien et je veille, et je vous « assure qu'ils ne me voleront pas moi. Quand un Juif entre « chez moi, je mobilise tout mon personnel, afin qu'aucun de « ses faits et gestes ne nous échappe.

— Voilà au moins qui est bref et catégorique.

« Je dirais mieux, nous ajoutait un richissime fabricant de « soieries du quartier de la Comédie, si nous constatons une « amélioration sensible dans nos relations avec les Juifs, il « ne faut pas craindre de l'avouer, mais c'est à Drumont que « nous le devons. Les Juifs savent parfaitement qu'il n'y a pas « un seul fabricant lyonnais qui n'ait lu *La France Juive* ou « *La Fin d'un Monde* ou *La Libre Parole*, et alors, quand ils « se présentent chez nous, ils font des efforts surhumains pour

« paraître gracieux, convenables et honnêtes, tandis qu'au fond
« ce ne sont que des brutes, des grossiers et des filous. Bien
« naïfs et bien à plaindre sont ceux qui, de bonne foi, peuvent
« encore croire à l'honnêteté des Juifs. Un beau jour ils se lais-
« seront séduire par l'appât d'une grosse affaire que les Juifs
« leur proposeront et, à l'échéance, il n'y aura plus personne :
« Juifs et marchandises auront disparu.

« Dans la lutte contre le Juif le Français succombera tou-
« jours, parce qu'il ne lutte pas à armes égales, nous disait
« un autre négociant de la Comédie. Le Français est né
« honnête et le Juif est né coquin. Le Français agit loyalement
« et franchement, tandis que le Juif n'agit que par ruses et
« par fourberies ; à ce jeu-là, nous le répétons, le Français
« succombera toujours. Je puis en parler des Juifs, moi,
« Monsieur, nous dit notre interlocuteur, je les ai vus de près
« et pendant assez longtemps pour les connaître à fond.

« Constatons leur honnêteté, si nous voulons, mais ne la
« prenons que pour ce qu'elle vaut en réalité. N'oublions pas
« que, dans la soierie comme ailleurs les Juifs ne visent qu'à
« nous remplacer et pour cela tous les moyens leur seront
« bons, bien entendu.

« Veillons donc sans cesse et toujours !

« Pour ma part, nous ajoutait un fabricant d'ornements
« d'église, j'estime qu'il est matériellement impossible de ren-
« contrer un Juif honnête. Ceux sur le compte desquels on
« attribue une loyauté parfaite et une correction sans égale
« dans les affaires sont ceux qui se sont enrichis par plusieurs
« banqueroutes plus ou moins frauduleuses. En un mot, ce
« sont d'anciens et d'infâmes coquins qui ne se sont enrichis
« qu'en trompant et volant nos concitoyens, et qui aujourd'hui
« font étalage d'honnêteté pour essayer de sauvegarder la
« réputation de la tribu d'Israël et rien autre ; et j'ai la con-
« viction que si beaucoup de mes confrères n'ont pas été aussi
« expansifs que moi, il n'en pensaient certainement pas moins.

« Persévérez, Monsieur. nous ajoutait notre agréable inter-
« locuteur, ayez du courage, mettez au grand jour les

« procédés scandaleux de certains Juifs qui bourrent leurs
« poches de chapelets afin de mieux tromper la confiance et
« la bonne foi de nos Prêtres et de nos bonnes Sœurs. Faites
« connaître les repaires de toute cette fripouille, pour que
« nous n'y voyons désormais plus aucun de nos catholiques
« français.

« En ce qui me concerne, je vous garantis que je recomman-
« derai aux personnes de mon entourage de vouloir bien
« consulter votre *Indicateur des Juifs*.

« Si une publication de ce genre avait paru il y a dix ans
« nous ne serions pas infectés par les Juifs comme nous le
« sommes aujourd'hui. Voilà mon opinion, Monsieur, vous
« pouvez la publier, je vous y autorise. »

C'est égal ! si nous avions quelques centaines de lyonnais
comme ce Monsieur-là, il nous semble que les Juifs ne feraient
pas long feu chez nous.

Nous n'ajouterions rien à sa déclaration, nous craindrions
de la dénaturer. Plus tard, aurons-nous peut-être l'occasion
de dire bien haut le nom de cet homme de cœur et d'énergie,
qui est également un homme de bien.

OPINION DE QUELQUES GRANDS ÉCRIVAINS

SUR LES JUIFS

Nous allons essayer de passer une revue sommaire des principaux auteurs qui ont traité la « Question juive », nous n'avons que l'embarras du choix, prenons au hasard :

Au moyen âge, nous dit Michelet, le grand historien, celui qui sait où est l'or ; le véritable alchimiste, le vrai sorcier c'est le Juif ! *le Juif homme immonde !* l'homme d'outrage sur lequel tout le monde crache, c'est à lui qu'il faut s'adresser. Sale et prolifique nation qui a résolu de volatiliser la richesse ; affranchis par la lettre de change les Juifs sont libres maintenant, ils sont les maîtres. De soufflets en soufflets les voilà bientôt au trône du monde.

Ils n'y sont peut-être pas encore certainement mais il est grand temps de les arrêter.

Ecoutons maintenant Simon Maïol dans sa « Perfidie des Juifs ».

Ces traîtres (toujours les Juifs bien entendu), les plus scélérats dè tous les hommes, livrent aux Turcs notre patrie.

Aujourd'hui c'est un Dreyfus, qui livre la nôtre à l'Allemagne.

Nos ressources, nos forces, etc., et nous les tolérons, et nous les subissons. Agir ainsi c'est attiser le feu dans notre sein, c'est y réchauffer le serpent.

Et Kluber, un célèbre jurisconsulte allemand :

Les Juifs forment une secte politico-religieuse placée sous le rigoureux despotisme théocratique des Rabbins. Non seulement les juifs sont étroitement unis et conjurés entre eux, mais ils constituent une société héréditaire tout à fait close pour ce qui concerne la vie ordinaire, le commerce habituel et l'éducation du peuple ; excluant tout progrès et entretenant soigneusement entre eux l'esprit de caste et de famille par *l'interdiction formelle de toute alliance avec des personnes d'une autre religion.*

Ecoutons Renan maintenant, l'ami, le défenseur des Juifs :

Insociables, étrangers partout où ils sont, *sans patrie*, sans autres intérêts que ceux de leur secte, les juifs talmudistes ont toujours été un fléau pour le Pays où le sort les a portés.

A propos de l'affaire Dreyfus, lisons Rochefort dans *l'Intransigeant* et certes l'on ne dira pas que c'est un clérical celui-là, écoutons-le plutôt.

Voilà maintenant que les Juifs font dire dans tous leurs journaux que je suis un clérical, et cela parce que je veux pas reconnaître que le galeux de l'Ile du Diable est un petit Saint.

Le grand truc d'Israël a toujours été de vouloir donner le change à l'opinion en transformant, de parti-pris, une question de race en une question de religion.

Et plus loin, il ajoute :

Au lieu de procéder à l'exécution de ce bandit dont la culpabilité une fois établie ne faisait pas plus de doute pour eux que pour nous, ils se sont inutilement, bêtement solidarisés avec le misérable, démontrant ainsi qu'ils se sentaient tous capables de livrer la France à l'étranger.

Cette campagne, dont l'échec était certain d'avance n'a servi qu'à dévoiler l'âme juive dans toute sa laideur

De M. Paul de Cassagnac, l'éminent directeur de l'*Autorité*, homme de cœur et d'énergie et, chose rare, un homme fidèle à ses convictions politiques.

Les Juifs sont nos maîtres aujourd'hui, car ils ont l'or, et l'or dans un pays qui tombe, c'est tout. Ils ont chassé nos princes, proscrit notre Dieu et s'étonnent d'avoir soulevé cette révolte tardive de la France indignée et repentante de sa générosité mal récompensée, cette révolte qui s'appelle l'antisémitisme,

Eh bien, qu'ils prennent garde ! car il y a des limites à tout, et cette dernière tentative de doigts sales et crochus s'abattant sur les épaulettes d'or, nous ne la supporterons point. L'armée, c'est notre dernier refuge. Juifs ou chrétiens enjuivés ! n'y touchez pas !

Encore de Cassagnac, à propos du mariage de chiens chez Ephrussi, ce juif ignoble et puant, digne gendre d'Alphonse Rothschild :

Et dire que nous avons donné une patrie à ces gens-là ! UN CHENIL SUFFISAIT !!!

Bravo. M. de Cassagnac, voilà qui est vrai ! Aussi nous plaisons-nous à espérer que vous interdirez l'accès de vos bureaux de rédaction au Juif Gugenheim qui se cache sous le pseudonyme, certainement peu hébraïque, de *Saint-Pothin*.

Du *Nouvelliste de Lyon*, toujours à propos de Dreyfus ;

Un fait qui peut être consolant en présence de ce douloureux spectacle, c'est l'attitude de l'opinion qui ne s'est pas laissé égarer et n'a pas voulu être dupe de la campagne menée par les juifs en faveur de leur coréligionnaire.

Rien n'a mieux fait ressortir que cette campagne la puissance et l'effronterie du parti juif en France. Aucune considération matérielle ou morale ne saurait retenir les membres de cette tribu qui campent sur notre terre comme en pays conquis, envahissent toutes les administrations, accaparent tous les emplois et nous éclaboussent de leurs scandales et de leurs ignominies.

Quelque désir que vous ayez de ne point les voir, ils forcent l'attention des moins prévenus. Vous les trouvez dans la trahison avec les Dreyfus, les Mayer, les Hemerdinger, Deutz qui trahi la duchesse de Berri ; dans le vol et la corruption avec les Cornélius Herz, les Arton, les Reinach, les Naquet. Ils sont partout, et l'instant où les scandales de leurs compatriotes Juifs, devraient les obliger à plus de retenue est celui qu'ils choisissent pour se mettre en avant. (Voyez plutôt le juif II. Prague). (1).

Les *Archives israélites* ne publiaient-elles pas, hier même, avec complaisance la liste des juifs qui ont su pénétrer dans les jurys de la future Exposition ? Rien que dans le groupe de l'enseignement on en compte une dizaine ; ce sont MM. May, Petit, Reinach, Sée, Félix, Alcan, Manuel, Soria, Worms, Lang, etc.

Cette proportion se retrouve à peu près partout, et c'est grâce à cette main-mise sur tous les grands emplois, sur tous les ressorts de nos administrations, que ces gens-là arrivent à forcer et tromper l'opinion, et à trouver pour leurs traîtres des défenseurs. tels que M. Scheurer-Kestner.

Voilà certes un langage admirable, il est certainement difficile d'être plus nettement et plus franchement antisémite. Il est seulement regrettable qu'un organe aussi précieux ne puisse pas renoncer à accepter aucune annonce des Maisons juives. Espérons que cela viendra.

Ecoutons Voltaire au siècle dernier.

Enfin vous ne trouvez en eux (dans les Juifs) qu'un peuple ignorant, paresseux et barbare, qui joint depuis longtemps la plus indigne avarice à la plus détestable superstition et *à la plus horrible haine pour tous les peuples qui les tolèrent et les enrichissent. Néanmoins il ne faut pas les brûler.*

(1) « La qualité d'israélite est belle à revendiquer surtout dans les circonstances actuelles. »

Il ne faudrait pas croire que ce que Voltaire écrivait ne visait que quelques juifs, *tous sont absolument dans le même cas et se ressemblent.* Méfiez-vous surtout de ceux qui vous paraissent les plus convenables, les plus empressés, et les plus flagorneurs tels que les Robert Blum de Saint-Etienne et les Schmoll, plus ou moins Alphonse de Lyon, etc., etc.

Ces faux airs de bonhomie et de droiture, les juifs les conserveront tant qu'ils ne se sentiront pas suffisamment les maîtres, mais le jour où, par impossible, ils le seront réellement, vous verrez rapidement tomber leurs masques d'hypocrisie. Et ceux que vous avez pris pour des gens affables, vertueux, bons, obligeants, etc., seront ceux-là même qui les premiers, vous étreindront dans leurs griffes. On peut ne prendre que ce que l'on voudra de nos appréciations, mais en attendant nous croyons de notre devoir de les soumettre.

Et pour donner une idée de la bassesse et de la platitude des juifs, nous allons donner un extrait de la lettre qu'ils écrivirent à Voltaire, en réponse à la réflexion que le pamphlétaire avait faite sur eux et que nous avons lue plus haut :

Vous savez, Monsieur, écrivaient-ils à Voltaire, que nous sommes vos plus grands admirateurs, et nous croirions avoir un reproche à nous faire si nous savions qu'il y eût quelqu'un en Europe qui eût plus lu et plus étudié que nous vos ouvrages, que nous regardons comme une bibliothèque encyclopédique, et nous vous rendons, dès aujourd'hui, la justice complète que la postérité vous rendra un jour. Votre intention ne peut donner cours à la calomnie, vous terrasseriez ce monstre si vous le connaissiez, etc., etc.

(*Lettres de quelques Juifs allemands à M. Voltaire.*)
Méquignon, éditeur, Paris, 1781.

Les juifs n'étaient pas si arrogants au siècle dernier, il est vrai qu'ils n'étaient pas milliardaires ni *citoyens français* surtout ; mais patience, nous les ramènerons bien à ce temps-là ou il faudra qu'ils partent.

Et Luther, dans son ouvrage *Les Juifs et leurs mensonges* :

Il ne se trouve aucun peuple sous le soleil qui soit si avide de vengeance, qui ait aussi soif de sang, se croyant peuple de Dieu uniquement pour égorger les nations. . . . .

Sache chrétien, qu'après le diable tu n'as pas d'ennemis plus cruel, plus envenimé, plus violent que le Juif. . . . .

Ce sont autant de bêtes méchantes, perverses, venimeuses, qui, depuis quatorze cents ans et au-delà, ont été et sont encore la ruine des gouvernements, des pestes noires et nos cancers . . . .

Ils apprennent ces choses de leurs Rabbins, dans leurs synagogues, nids d'esprits immondes.

C'est pourquoi Luther adjurait les princes et les magistrats « d'incendier les synagogues et de réduire en cendres ces officines du blasphème. »

Il convient de remarquer que Luther connaissait intimement les juifs et qu'il les avait, à l'occasion de ses études hébraïques, observés de très près. Le grand et véhément hérésiarque avait certainement les qualités d'un psychologue. Et comme les juifs n'ont pas changé, qu'ils n'ont fait au contraire que croître et prospérer dans les vices les plus ignobles et les corruptions les plus honteuses, nous pouvons donc tenir comme absolument certain, vrai, tout ce que Luther écrivait alors sur les juifs.

Que dirait-il grand Dieu, s'il revenait et qu'il voit ses prosélytes descendus assez bas pour s'allier aux juifs ?

C'est bien simple ! Luther ne pourrait que dire certainement que les Protestants sont bien naïfs ou bien coquins. Nous penchons pour la première hypothèse, mais en attendant, ces malheureux-là ne tarderont pas à s'apercevoir qu'ils seront les dupes des gredins dont ils se font les complices aujourd'hui.

S'ils ne veulent pas s'en rapporter à nous qu'ils demandent conseil à leur Grand Chef Luther.

De Drumont dans la *Libre Parole* :

Si les Juifs furent traqués dans le Passé, s'ils le furent par tous les peuples et sous toutes les latitudes, ce n'est pas à cause de leurs croyances, c'est parce qu'ils furent toujours traîtres, insociables et malfaisants, et que, non contents de dépouiller le pauvre monde, ils s'alliaient à l'étranger, comme aujourd'hui, pour trahir et déshonorer les pays qui leur accordaient l'hospitalité.

De M. Henri Rochefort dans l'*Intransigeant* :

Toutes les Tribus d'Israël s'unissent pour réagir contre la répulsion qu'elles inspirent en entreprenant la tâche insoutenable d'établir l'innocence d'un gredin cent mille fois plus misérable que Bazaine qui capitulait dans un intérêt dynastique, tandis que le Dreyfus vendait à l'Allemagne le sang de nos soldats contre espèces sonnantes et trébuchantes, comme un boucher vend la viande à son étal.

« Eh bien, ces arroseurs, je serais enchanté qu'ils l'obtinssent. Il se produirait à la fois dans l'armée et dans la population une si intense explosion d'indignation et de colère, qu'une véritable révolution, de celles qu'on ne réprime pas, parce que tout le monde y prend part, sortirait peut-être de cette agitation patriotique.

Un journal satirique

L'apparition du *Psst*, journal satirique, de Forain et Caran d'Ache, révolutionne Paris par l'ironie incisive et vengeresse des dessins et de leurs légendes. Un de nos confrères a interrogé Forain sur la genèse et le but de sa publication. Forain a répondu :

— « Dès le début de l'odieuse campagne entreprise par l'association de malfaiteurs qu'est le syndicat Dreyfus, nous avons pensé, Caran d'Ache et moi, que notre devoir était de descendre dans la lice et de combattre à notre manière cette tourbe cosmopolite qui, semblable aux lents mais subtils poisons, s'infiltre dans le corps et dans la pensée de la nation française pour la grangrener à l'aide de doctrines pernicieuses, la voler et, crime odieux, tenter de la déshonorer. Cela ne sera pas. »

« Nous dévoilerons les plus secrètes pensées de ces échappés de Francfort, de Vienne et autres villes où la haine de la France est élevée à la hauteur d'une vertu civique. Nous ferons connaître les ridicules, les tares, les crimes et toutes les infamies de ce rastaquouérisme qui s'est établi dans notre chère France, de tous ces individus qui, naturalisés ou non, restent étrangers de cœur et d'inspiration. Notre campagne allumera des colères et fera naître des haines contre nous. Tant mieux ! Cela prouvera que nos coups ont porté ! »

Avec l'autorisation spéciale de l'auteur nous allons emprunter quelques lignes à l'intéressante publication « *la Guerre anti-juive* » de M. D. Kimon.

L'influence juive
produit l'Automatisme cérébral

Contre ce Judaïsme si profondément mauvais, mais si extraordinairement fort, comment organiser la lutte ? Les difficultés sont innombrables, les obstacles effrayants.

Un de ces obstacles se dresse à première vue comme une montagne infranchissable. Le voici : Les Sociétés dominées par les Juifs tombent fatalement sous le régime de L'AUTOMATISME CÉRÉBRAL.

Non seulement le Juif y accapare les richesses et les fonctions publiques, mais il s'y empare aussi des intelligences. Une telle société, frappée de déchéance mentale n'a plus que les idées, les sentiments, les rêves, les manies qu'il lui suggère. Celui-ci, à son gré, l'hallucine de fantômes, l'aveugle comme s'il lui paralysait la rétine, l'impulsionne comme une hypnotisée, l'immobilise comme une cataleptique, lui stupéfie la mémoire, lui abolit la prévoyance.

C'est le Juif qui lui dicte ses sympathies, antipathies, admirations, répulsions, qui crée les courants d'opinion, qui lance impétueusement les esprits dans certaines directions, et, dans d'autres, il les glace d'indifférence et les anesthésie. C'est lui qui sert de courtier entre les ambitieux et le public, qui distribue, comme il lui plaît, la gloire et l'obscurité, la vogue et le mépris.

Rôle de la police juive
dans la corruption parlementaire

La corruption parlementaire n'étonne que parce qu'on n'en connaît pas le mécanisme. De là, entre les effets qu'on aperçoit et les causes qui les expliquent, une solution de continuité qui égare l'esprit.

Comment les corrupteurs ont-ils trouvé si facilement le chemin des cœurs ?

Ils avaient une police admirablement organisée. Arton lui-même a raconté qu'après avoir corrompu les parlementaires, il les avait surveillés pour savoir très exactement l'emploi qu'ils feraient des deniers de la corruption. S'il les a surveillés après les avoir corrompus, on peut être sûr qu'il les a bien plus subtilement espionnés avant de les corrompre.

Chaque député ou sénateur a été étudié avec la perfection policière. Au besoin, quelques petites trames insidieuses comme celles dont il est question un peu plus haut (souscription des billets à un usurier, envoi d'une femme galante à un impressionnable, excitation à la dépense de la femme légitime par une couturière qui lui fait un crédit illimité, etc.) ont été adroitement nouées contre lui. On s'est arrangé s'il le fallait, de manière à saisir son indemnité.

Cette indemnité, on le sait, est saisissable. Telle est, en politique, l'imprévoyance française que personne ne semble se préoccuper du danger que fait courir à la probité des parlementaires la saisissabilité de leur indemnité. La Constitution aurait-elle été faite par des tripoteurs qui voulaient avoir le Parlement à leur disposition ?

Rien ne démoralise plus un homme que les embarras secrets dans une situation élevée. Gare au magistrat endetté et surtout au magistrat besogneux à qui la Caisse juive alloue une mensualité ! Gare au député dont l'indemnité est saisie !

Ce député a dû, à un certain moment, chercher anxieusement de l'argent. L'argent s'est aimablement offert. « Mon cher député, je m'intéresse au Canal du Panama, c'est une entreprise nationale ; je compte sur votre voix. » Moitié bassesse, moitié reconnaissance, le député a promis son vote. Si ce vote a coûté cher à la France, il n'a pas, en règle générale coûté cher au corrupteur. Celui-ci, qui connaissait son monde, a procédé avec économie sans dépenser plus que le nécessaire (1) ; je soupçonne que maint parlementaire a trafiqué inconsciemment de son mandat pour un simple millier de francs.

La Calomnie juive

Disons de suite que les trois leviers les plus puissants dont se sont toujours servis les juifs pour diviser les peuples, les ruiner et les déshonorer sont :

(1) Arton a économisé sept à huit cent mille francs sur les fonds de la corruption.

La **CALOMNIE**, l'**ESPIONNAGE** et la **TRAHISON**.

En écrivant ces mots : la calomnie juive, je voudrais pouvoir leur donner une étendue immense. La calomnie juive est, en effet, l'encyclopédie de la méchanceté humaine et le plus vaste arsenal de perversité qu'il y ait au monde. Elle brûle comme le feu, elle désorganise comme un acide violent ; elle empoisonne, torture, isole, déracine. Tout ce que son haleine effleure est déjà flétri et desséché.

Elle est merveilleuse, incomparable, protéiforme, cette calomnie. Elle a toutes les ruses, toutes les cordes, tous les effets : la divination des points vulnérables, la subtilité des recherches policières, l'audace, le mordant, la précision effrontée, la souplesse d'adaptation à toutes les oreilles, l'art de se rendre attrayante par la mimique et les jeux de la voix. Elle est même, on peut le dire sans crainte, la manifestation la plus brillante de l'esprit juif. Le Juif calomniateur se déploie tout entier ; la calomnie étincelle dans ses yeux et, vive, légère, heureuse comme le papillon qui vient d'éclore, s'élance de ses lèvres ; ses récits, alimentés par une mémoire inépuisable, se déroulent en arabesques méchantes ; ses invectives éclatent comme de petites bombes, avec des roulades d'un brio strident et des sauts du grave à l'aigu et de l'aigu au grave, avec des airs de triomphe et des grimaces bafouantes ; ses mots ont même des prétentions de médaille. Quel virtuose qu'un Juif exécutant un morceau de calomnie. Est-ce que dans la Jérusalem historique il existait un Conservatoire avec des classes de calomnie ?

Mais ce n'est peut-être pas ce qu'il y a de plus surprenant. Cette calomnie a des propriétés spéciales qui la distinguent de toute autre. Ainsi elle ne vieillit pas. Une même méchanceté, qu'un Juif répète à satiété, conserve, pendant de longues années, la même fraîcheur, la même jeunesse. Lorsqu'il la débite pour la millionnième fois, on croirait qu'il l'improvise et qu'elle lui fait, pour la première fois, explosion dans la bouche. La raison de ce phénomène est que le Juif a, dans le fond de l'âme, une glande à venin, toujours en activité ; la vitalité de sa haine, continuellement renouvelée comme par une sécrétion interne, lui permet, chaque fois qu'il profère le même cliché, d'en faire un nouveau tirage.

Elle a une autre propriété, non moins curieuse. Non seulement les Automates cérébraux — et, en France, ils sont, hélas ! innombrables — sur lesquels la calomnie juive a su mordre, ne peuvent plus se débarrasser de l'idée calomniatrice qu'ils ont absorbée et qui va s'attacher, comme une araignée, au plafond de leur cerveau. Mais ils éprouvent un besoin singulier de la redire et de la répandre. Elle leur obsède l'esprit, leur démange la langue, leur tourmente les lèvres. La calomnie juive a ainsi un pouvoir d'expansion, de diffusion incroyable ; la plus abominable ou la plus ridicule de ses inventions se propage comme une infection contagieuse, irradie comme un miasme qui, loin d'un foyer d'émanation, ne perd rien de sa richesse toxique.

Mais elle est surtout redoutable comme force organisée lorsque les Juifs pour perdre un homme, pour l'écarter de la vie publique, ou bien l'annihiler dans sa profession, son commerce, son industrie, établissent autour de lui de savantes batteries. Celui-là ne peut plus faire un pas sans sentir, à chaque instant, une action mystérieuse qui le discrédite, le dénigre, le disqualifie, le travestit, stérilise ses efforts, coupe ses relations, l'entoure d'une vapeur mortelle de défiance et d'antipathie. Le plus souvent, presque toujours, il ignore l'origine de cette persécution diffamatoire qui l'assiège de toutes parts, et, ne se l'expliquant pas, il espère qu'elle se lassera et s'apaisera. Quelle erreur ! Les années se succéderont pour lui sans changement ; jusqu'à la dernière heure, il se consumera dans une lutte épuisante ; car la haine juive, inexorable, ne lâche jamais ceux qu'elle a distingués comme des ennemis ou seulement comme des rivaux d'Israël ; elle les poursuit même au-delà de la tombe. Jamais elle ne se refuse la satisfaction d'outrager un cadavre.

Nous voudrions citer en entier cette intéressante publication mais malheureusement notre cadre restreint nous prive de ce plaisir. Mais nous ne saurions trop recommander la « Guerre anti-juive » à tous nos amis. Elle est indispensable à côté de « la France juive » et « la Fin d'un monde » du maître Edouard Drumont.

Ph. S.

A propos du Monument élevé aux Combattants de 70-71, nous allons relater ici une lettre très intéressante adressée par « Un Stéphanois » au Président du Comité.

St-Etienne, le 21 décembre 1895.

Monsieur Zevort, président de la Société
des Combattants de 1870-71.

J'ai reçu ce jour la visite de M. Paul Fraisse, qui est venu m'engager à prendre part à la souscription pour élever un monument aux Combattants de la Loire morts en 1870-71.

Je lui ai demandé si les noms de ces malheureux seraient inscrits sur le monument. Il m'a répondu qu'il ne le croyait pas. S'il en est ainsi, je ne comprends pas du tout la raison d'être de ce monument qui ne servira, en somme, qu'à perpétuer le souvenir de notre défaite.

Je comprendrais un monument s'il y avait à perpétuer un fait d'armes, une défense héroïque, comme par exemple la défense de Châteaudun ou le siège de Belfort, mais ici, il n'y a rien à signaler. Ce sera un monument anonyme qui permettra à quelques politiciens, à un Cohn quelconque de venir nous débiter des discours sur le patriotisme, et à cette occasion, on organisera des fêtes comme pour un concours agricole, et il y aura des trains de plaisir comme pour le monument élevé au Puy dernièrement.

Non, vrai ce serait drôle, si le sujet n'était si triste de voir dans quelle décadence nous sommes tombés et l'incohérence de tout ce que les juifs nous font faire depuis cent ans sous le couvert du patriotisme.

On trouve peu de juifs parmi les morts et les combattants de 1870-71, en revanche ils pullulent parmi nos gouvernants et dans les grandes sinécures : préfectures, sous-préfectures, trésoreries générales, etc., etc.

Je ne verrai quelque utilité à ce monument que s'il devait apprendre aux Français un peu de leur histoire, et pour quels motifs les peuples se massacrent entre eux, et voici ce que je proposerais :

Sur le socle du monument on mettrait (grandeur naturelle), le juif Bleichrœder tendant à Bismarck la fausse dépêche qui a provoqué et rendu inévitable la guerre de 1870-71.

Dans les angles on mettrait (en buste).

Rothschild qui a pu *gagner* 10 milliards depuis Waterloo sans passer en correctionnelle.

Dreyfus, le traitre, ce capitaine à qui on n'a pas appliqué le code militaire (art. 205).

Isaïe Levaillant, le corrupteur de magistrats, à qui on n'a pas appliqué l'article 179 du code pénal.

Léon Cohn, le falsificateur du suffrage universel, qui n'a pas eu à tenir compagnie à Mascaras sur les bancs de la cour d'assise de Toulouse.

Sur le piédestal on graverait l'inscription suivante :

Souvenez-vous que des millions d'hommes, et des meilleurs, sont morts sous la République et sous l'Empire pour répandre à travers le monde les immortels principes de 89 : « La Liberté, l'Egalité, la Fraternité », pour en arriver à être gouverné par l'aristocratie ci-dessus désignée.

Souvenez-vous, qu'en 1854, le patriotisme consistait à aller nous massacrer avec les Russes et, quarante ans après, il a consisté à voir le Juif Arthur Meyer, directeur du «Gaulois», ancien secrétaire protecteur de Blanche d'Aubigny, monter l'escalier du Grand Opéra, ayant au bras la femme de l'Ambassadeur de Russie.

Souvenez-vous, qu'en 1859, le patriotisme consistait à aller massacrer les Autrichiens pour faire le bonheur des Italiens; et qu'il consistera sous peu à nous massacrer avec les Italiens.

Souvenez-vous que, 25 ans après la fameuse guerre de 70, le patriotisme a consisté à envoyer nos marins parader devant Guillaume, et que 8.000 malheureux ont péri à Madagascar dans des conditions atroces, et cela pour faire des routes à des mercantis, à des Juifs, les Suberbie et autres Weil-Picard.

Je m'arrête sur ces citations, il pourrait en être ajouté s'il restait de la place. Vous reconnaitrez j'en suis certain, que mon projet serait celui à adopter, c'est pour cela qu'il ne le sera pas. Mais si par hasard le comité le prenait en considération dans une mesure quelconque, je m'inscrirais alors pour 500 fr., certain que dans ces conditions mon argent serait bien employé.

Recevez, etc...

Un Stéphanois.

Nous ne cacherons pas que nous sommes complètement de l'avis de notre compatriote. Puisque l'on voulait élever un monument à la mémoire des Combattants morts en 70, il devenait indispensable que ce monument fut érigé au cimetière et non sur une place publique. Et pour cela il n'était besoin de dépenser 45.000 francs pour des morts, qui n'ont besoin de rien, tandis qu'il y a tant de vivants qui souffrent.

P. S.

LES JUIFS ET LE PANAMA

Voilà encore un de ces drames qui aurait dû faire pendre tous les Juifs, et qu'ils ont réussi à faire tourner à la comédie par la complicité du gouvernement et de la magistrature, qu'ils tiennent sous leur joug.

Ce sont les Juifs qui ont volé les millions et les centaines de millions, voir les Cornélius Hertz, Reinach. Arton, Lévy-Crémieux, Benichausen, dit Eiffel, Hugo, Oberndœffer, etc., etc., et ils ont trouvé moyen de ne faire poursuivre que les malheureux Français qu'ils avaient eux-mêmes invités à ramasser quelques miettes du festin.

Tout le monde a pu se rendre compte que les Juifs se sont moqués de nous avec Cornélius Hertz, le fabricant de sucre de Bournemouth ; on peut être certain que le soi-disant suicide du baron de Reinach est une fumisterie du même genre, l'un n'est pas plus mort que l'autre n'est malade.

Si l'on se rappelle que l'autopsie n'a été faite que trois semaines après la mort, que personne n'a pu approcher du cercueil, (voir la *Libre Parole*, l'*Intransigeant* de l'époque), et que c'est le fameux Brouardel qui l'a faite, le même qui a certifié que Cornélius était à l'agonie, alors qu'il se portait bien, on comprendra que tout cela est une pure comédie.

Ils ont enterré un cadavre quelconque que les nombreux médecins juifs ont pu facilement se procurer dans les hôpitaux, (il y a un hôpital juif, l'hôpital Rotschild), tout cela a dû se passer entre Juifs, car les profanes n'ont guère du oser pénétrer à ce moment dans cette maison.

Reinach et Cornélius sont deux compères qui, par les papiers qu'ils avaient en mains et ceux dont on s'est emparé par des perquisitions successives, sont les meneurs de toute cette affaire. Par la menace de leurs petits papiers ils font marcher tous les pouvoirs publics, c'est le sinistre Joseph Reinach gendre et neveu de l'escroc, qui est l'exécuteur des décisions de la juiverie contre tel ou tel corrompu.

Nous ne pouvons nous étendre davantage sur ce sujet, la place étant limitée, mais que nos concitoyens se donnent la peine de réfléchir et de penser par eux-mêmes, et ils s'expliqueront ce qui souvent leur paraît inexplicable.

C'est par des trucs semblables, grossiers, presque enfantins, que le Juif fait marcher les parlementaires comme des chiens qu'on fouette.

Les Juifs achetaient jadis les députés, aujourd'hui ils les revendent, ce n'est pas plus malin que ça.

Une victime du Panama.

COMPARAISON

de quelques rares et modestes fortunes françaises contre de colossales et scandaleuses fortunes juives.

Si l'on s'arrête un instant devant la statistique des rares fortunes françaises, on trouve en première ligne les communautés religieuses qui, à elles seules et toutes réunies, possèdent **493 millions** de biens, meubles et immeubles (chiffre donné par le gouvernement lui-même en avril 1895). C'est là toute la fortune *gigantesque et incomparable* que possèdent tous les religieux qui, eux, sont tous nés en terre de France, où ils prient Dieu depuis des siècles; et encore sont-ils *exactement* 137,000 citoyens pour se partager toute cette fortune, qui se réduit à 3,700 fr. environ par tête.

Après ces *immenses* fortunes des congrégations, nous avons quelques rares fortunes de trente à quarante millions et quelques autres variant de un à cinq millions, et la plupart de ces fortunes remontent à plusieurs siècles et ont été acquises par le travail ou un commerce honnête. En remontant jusqu'en

1815, c'est-à-dire à l'époque où les Juifs ont commencé à envahir la France, on ne connaissait que de très rares fortunes acquises par l'agiotage et l'usure. Toutes celles existant à ce moment-là ne devaient leur origine qu'au commerce et au travail, c'est-à-dire à la production.

Si nous portons nos regards sur les fortunes juives, que voyons-nous ? En première ligne, la fortune des Rothschild, que le père des Rothschild actuels a édifiée sur les ruines de la France. Ainsi que l'a dit Drumont, le vaillant champion de l'Antisémitisme: « *La fortune des Rotschild s'est faite des infortunes de la France.* » On sait comment Rotschild a gagné *vingt millions* dans une seule journée à la suite de la défaite de Napoléon à Warterloo.

Eh bien ! voilà des gens sortis des ghettos allemands et qui débarquent en France à la suite des désastres terribles de nos armées. Ils ne possèdent à peu près rien: nous les trouvons en 1870 à la tête de deux milliards de fortune. Lors de l'emprunt de cinq milliards, ils le couvrent à eux seuls ou à peu près. De ce fait, ils gagnent 457 millions dans l'espace de quelques jours. Depuis, ils ont tellement *agioté, pressuré, spéculé, affamé* sur les cafés, sucres, blés, pétrole, nickel, cuirs, cuivres, etc., etc., qu'il est établi aujourd'hui, d'une façon officielle, que les quatre frères Rotschild de Paris, Londres, Berlin et Vienne possèdent à eux seuls **quatorze milliards**.

Ajoutez à cette fortune absolument scandaleuse les nombreuses centaines de millions que nous ont volés les Hirsch, les Ephrussi, les Camondo, les Erlanger, les Deutsch, les Cahen d'Anvers, etc., etc., et vous arrivez rapidement au chiffre **fantastique phénoménal, incroyable, épouvantable de VINGT MILLIARDS,** soit **huit cent millions** de revenus par an, plus de deux millions par jour.

Il est difficile de s'arrêter quelques secondes sur ces chiffres sans être pris de vertige. Et si nous poursuivons nos investigations nous voyons que la fortune immobilière de la France est de quatre-vingt milliards. Puisque les Juifs réunis en possèdent **vingt,** à eux seuls, il ne reste donc plus que 60 milliards

pour trente-cinq millions de Français, ce qui donne une fortune
de 1700 f. par tête soit une rente au taux de 4°/₀ de 0,20 par jour pour
chaque français. Tandis que tous les Juifs de France réunis,
qui possèdent, au bas mot, **vingt milliards**, ne sont que quatre-
vingt-douze mille pour se partager cette fortune, ce qui repré-
sente la modeste somme de **Deux millions cent quatre-vingt-
dix mille francs** par tête de juifs, c'est-à-dire, une petite rente
de 245 fr. par jour pour chacun d'eux, voilà qui est éloquent !

Et il n'y a pas à nier, ces chiffres sont l'exactitude, la vérité
et l'évidence même. Et si nos serviles gouvernants ont besoin
d'argent ils laissent les Juifs bien en paix pour s'acharner sur
les religieux et les Petites Sœurs des Pauvres. C'est à cet effet
que l'on a créé les droits dits d' « accroissements ».

Grand Dieu ! si après de semblables infamies il se trouvait
encore des prêtres, religieux ou religieuses qui persistent à
vouloir porter leur argent chez les Juifs, ils ne mériteraient
plus que d'être abandonnés par ceux qui les soutiennent, et
voués à la haine de ceux qui les persécutent. Mais non, il ne
s'en trouvera plus maintenant, nous en avons la **ferme conviction ?**

* * *

Mais en attendant si on n'arrête pas ces bandits juifs dans
leurs prétentions et leur accaparement, avant trente ans la
France entière leur appartiendra. Et c'est ainsi que se trouvera
accompli, dans son entier, le programme du Grand Rabbin de
Londres, Lord Réadclif, c'est-à-dire, que tous les Français ne
seront plus que les larbins et les cireurs de bottes des Juifs.
Voilà la perspective qui nous attend tous.

Si donc nous ne voulons pas redevenir les esclaves et voir
notre France la dernière des nations, si nous ne voulons pas voir
la France redevenir une nouvelle Pologne, il est temps de nous
dresser contre cette horde de Juifs, venus chez nous en hail-
lons et qui possèdent aujourd'hui les plus beaux châteaux de
France, ainsi que les plus magnifiques hôtels de Paris. Ils ont
encore les loges les plus en vue à l'Opéra, les chasses les plus

giboyeuses, les chevaux les plus fringuants, les domaines les plus princiers, etc., etc.

Et si les Français ne veulent pas se laisser affamer par les Juifs, et s'ils ne veulent pas voir le jour où ils seront obligés de s'adresser à eux pour obtenir leur pain quotidien, il est temps qu'ils se relèvent et s'unissent.

Dans l'intérêt même de notre chère France, il est donc non seulement utile mais indispensable que nous soyons débarrassés de tous les Juifs plus ou moins Allemands ou Portugais. Car ce sont eux, et absolument rien, qu'eux qui entretiennent tous ces nouveaux partis Anarchistes, Internationalistes, Fumistes, Ravacholistes, etc., etc., qui naissent tous les jours et qui n'ont d'autre but que de semer la haine et la division parmi nous, afin de mieux pouvoir nous voler à la faveur de nos querelles qu'ils savent si bien allumer.

N'en avons-nous pas des preuves journellement sous les yeux ? Ainsi, le Juif Bernard Lazare, l'auteur de nombreuses brochures en faveur du traître, n'est-il pas le grand « arroseur » et le rédacteur le plus influent de l'organe officiel de l'anarchisme, **Le Libertaire** du grrrand citoyen Sébastien Faure ?

Le Juif Jules Digne, à Lyon, n'est-il pas un des membres les plus actifs du Comité Bonard le farouche député blanquiste ? Celui-là même qui nous disait dans ses affiches du 22 janvier :

« En combattant les Juifs, les cléricaux veulent nous ramener « aux sombres jours des guerres de religion. Ils arguent d'une « question juive qui n'a jamais existé que dans leur ima- « gination. »

Que l'on ne rie pas, nous avons l'affiche sous les yeux ! Eh bien oui ! le sanguinaire député Bonard est sans doute débarqué par le dernier bateau de pommes ; il ne connaît pas plus les Juifs que la question juive, il n'en a jamais entendu parler, pas même au Palais-Bourbon ? Il ne connaît pas les Juifs mais il n'ignore sans doute pas l'adresse de leur Caissier. Il nous dit que les cléricaux catholiques veulent nous ramener « aux guerres de religion » quand ils combattent les Juifs ; mais il a soin de ne pas nous dire à quel genre de guerre veulent nous ramener les cléricaux Juifs lorsqu'ils outragent grossièrement nos Prêtres et nos Sœurs de Charité. Le fantoche Bonard néglige également de nous dire à quel genre de guerre veulent nous ramener les Dreyfusards, dont il est, avec son Maître Jaurès, le plus chaud partisan, lorsqu'ils insultent notre drapeau et notre armée ? Il néglige de nous dire tout cela ce grotesque et farouche député Carmagnolard qui n'a soif que du sang des pauvres petits curés de campagnes ; ceux-là seuls ont pillé, déshonoré et trahi la France, tandis que les Juifs eux, l'ont enrichie, n'est-ce pas, député Bonard ?

N'est-ce pas encore et toujours le grotesque député Bonard qui, lors de la réunion antisémiste Morès-Guérin en février 93 à Lyon, a distribué une profusion de sifflets aux anarchistes et aux blanquistes déguisés en policiers pour la circonstance ?

Avec quel argent ce député polichinelle a-t-il payé cette armée de sauvages qu'il avait sous ses ordres, en compagnie de ses deux lieutenants les anarcho-fumistes : Simon le Cordonnier et Millat le formier ? (1).

Nous nous en doutons, mais ce dont nous sommes certains c'est que pendant deux heures et demie le brave Morès a dû tenir tête à cette bande de 2000 forcenés, valets des juifs, sans jamais pouvoir placer le moindre mot.

A onze heures du soir la réunion a dû être dissoute au milieu du vacarme le plus assourdissant et le plus épouvantable qui se soit jamais entendu dans aucune réunion publique.

Pour cette fois les anarchistes n'ont pas volé les juifs, ceux-ci en ont eu pour leur argent.

Seulement, que penser de ces hurleurs sauvages qui ont l'audace de se dire « les amis du peuple. » et n'ont jamais à la bouche que les mots de « *liberté, fraternité ?* »

(1) Ayant connu particulièrement ce dernier nous devons à la vérité de dire que, s'il pêche, c'est plutôt par son ignorance et sa bêtise que par sa mauvaise foi. Incapable d'aucune initiative pas plus que d'aucune opinion, nous le croyons un instrument bien inconscient entre les mains des politiciens-policiers Bonard et Simon que nous avons eu l'occasion d'étudier de très près pendant la période boulangiste.

Pour nous qui les connaissons en partie notre opinion est faite, tous ces farceurs qui se cachent derrière le masque du blanquisme ne sont que de misérables sans-patrie à la solde des Juifs.

Nous plaignons bien sincèrement, et de tout notre cœur, ces braves et honnêtes ouvriers qui y vont de toute leur bonne foi — et ils sont nombreux — et qui ne se doutent pas qu'ils travaillent pour leurs plus terribles et leurs plus cruels ennemis : LES JUIFS, dont leurs chefs politiques : les Jaurès, Bonard et autres *ne sont que les plus plats valets.*

⁎
⁎ ⁎

Et enfin ! nous aurions garde de ne pas parler du compagnon Henri Dhorr, le plus féroce et le plus violent des anarchistes. C'est lui qui, dans **Le Libertaire** est chargé de déverser les plus basses injures contre nos braves Prêtres et nos bonnes Sœurs de Charité (1).

C'est lui qui parcourt les villes et les campagnes où il organise des conférences sur des sujets tels que : « Les Crimes de Dieu », « Ni Dieu, ni Prêtres », « De l'Immoralité des Prêtres et de la Confession » et cela sous la Présidence et le patronage de Sébastien Faure à Paris, et du servile député Bonard à Lyon.

Le farouche compagnon Henri Dhorr prêche partout le « chambardement général » des Couvents et des Eglises, mais il évite avec soin de parler des synagogues.

Et parbleu ! ce grand agitateur, ce terrible pourfendeur, ce féroce compagnon chambardeur, se fait bien appeler **Henri Dhorr** lorsqu'il est anarchiste conférencier et rédacteur au « Libertaire » mais il s'appelle **Lucien Weill** lorsqu'il assiste régulièrement aux offices religieux de la synagogue de Châlons-sur-Saône où il habite, rue de la Gare, n° 7.

C'est en cela comme en toutes choses que l'on voit toujours le courage des Juifs. Sous un nom d'emprunt, mais qui n'a rien

(1) C'est lui qui est également l'inspirateur des dessins de « La Calotte » journal pornographique et anti-catholique.

de sémite, bien entendu, ils excitent les naïfs et les badauds contre les Prêtres et les Religieuses qui ne cessent de prier en silence, et soulager les infortunes avec discrétion. Ils ne trouvent jamais assez d'indignation et de mépris à jeter à la face de ceux qui assistent aux offices religieux catholiques. Et quant tous ces juifs, aidés des Bonard et autres imbéciles du même acabit, ont bien vociféré, blasphémé et injurié ils quittent leurs réunions pour se rendre à leurs synagogues et y recevoir la bénédiction du Rabbin. Celui-ci les félicite chaudement du zèle et de l'ardeur qu'ils savent toujours déployer lorsqu'il s'agit d'outrager les nobles Représentants de ce Dieu qu'ils ont crucifié il y a vingt siècles, il leur donne sa bénédiction tout en leur recommandant de toujours continuer, bien entendu.

N'est-ce pas encore et toujours cet Henri Dhorr qui est chargé de distribuer la manne d'Israël lorsqu'il s'agit de renforcer les troupes anarchistes quand on organise des réunions pouvant être favorables aux antisémites ou hostiles aux Juifs ?

Pour ces jours-là Henri ne **Dhorr** pas il **Weill** et raccole tous les souteneurs et rôdeurs de barrières pour en faire des anarchistes d'un jour. Il leur met une pièce de cent sous dans une main et une canne plombée dans l'autre, et c'est avec ces arguments qu'ils vont sauver la société en injuriant les prêtres et en assommant quelques antisémites, ou bien encore en jetant des bombes dans l'église de la Madeleine, mais en évitant avec soin de n'en point jeter jamais dans la Synagogue.

Le lendemain ces anarchistes improvisés reprennent leurs nobles occupations de la veille et l'anarchisme se repose. Seul Henry ne **Dhorr** pas il **Weill** toujours !

Certes quand on voit tout cela on est bien obligé de reconnaitre, ainsi que nous le disions tout à l'heure, que tous ces partis blanquistes, internationalistes et anarchistes sont dirigés par les Juifs et n'ont été créés que par eux pour mieux nous diviser et nous piller à la faveur de nos querelles.

On s'explique ainsi pourquoi les Rothschild, et tous les grands exploiteurs et affameurs Juifs — qui devraient par ce fait être les premiers visés par les anarchistes — ont toujours traversé toutes les Révolutions et toutes les émeutes sans recevoir jamais la moindre égratignure. Tandis que l'on a guillotiné des rois, reines, princesses, ducs et marquis ; on a fusillé des Généraux, des Archevêques, des Prêtres et des Religieux ; on a massacré des soldats, des bourgeois et des ouvriers, mais on a jamais touché aux Juifs, jamais ! Les communards ont brûlé des monuments publics, des habitations particulières, mais ils ont toujours respecté religieusement la **Bourse**, ce temple d'agiotage et de vol, de même qu'ils se sont bien gardés de toucher aux domaines princiers des banquiers de la rue Laffite.

Les Juifs ont toujours su provoquer, encourager et exciter les bagarres, les émeutes et les révolutions ; ils en ont toujours récolté les profits, jamais les déboires.

Mais patience ! tout passe en ce monde. Les Juifs nous en ont fait assez, Reinach nous a menacé d'un « **chambardement général,** » il est certain que la coupe est pleine, qu'elle déborde même ; et comme il ne faut pas attendre d'être « chambardé » par les juifs, c'est à nous de les « chambarder » les premiers, sinon à coups de triques, du moins à coups de bulletins de vote.

Pour cela, il y a un moyen bien simple et bien pratique.

Dans deux mois nous allons avoir des élections législatives ; en outre qu'il faudra soigneusement évincer tous les députés plus ou moins compromis dans la gigantesque escroquerie Juive du Panama, il faudra écarter avec non moins de vigueur tous ceux qui, de près ou de loin, ont soutenu l'ignoble traître qui est à l'Ile du Diable, car tous ces gens-là auront la corruption facile.

Sachons nous souvenir que si les Zola, les Scheurer, les Monod, les Trarieux, les Thévenet-Rosalic, Clémenceau et autres gredins du même genre, ont soutenu le traître Dreyfus, c'est qu'ils ont touché des sommes considérables pour se faire ainsi les complices de ce bandit. La conviction de tous ces misérables n'augmentait qu'en proportion directe des sommes qu'ils touchaient, soyons bien convaincus de cela et ne l'oublions pas !

En conséquence, on devra donc exiger de tous les candidats qu'ils prennent l'engagement de demander à la Chambre l'exclusion complète et définitive de tous les Juifs dans les emplois ministériels, les fonctions gouvernementales, les Consulats, les Préfectures, la Magistrature, l'Armée, et enfin leur retirer tout mandat électif. En un mot, faire pour le Juif tout ce que fait notre petite voisine la vaillante république helvétique.

Voilà ce qu'il est urgent de demander à tous les candidats aux prochaines élections, voilà ce qu'ont déjà demandé au Parlement les deux honorables et courageux députés : MM. d'Hugues et Denis et, plus récemment MM. de Beauregard et de Pontbryañd.

Il ne faudra pas non plus que les nombreux candidats que nous allons voir défiler aux prochaines élections se contentent toujours de nous entretenir : les uns du « péril social, » les autres du « péril maçonnique, » et les autres enfin du « péril clérical, » tandis que nous n'en trouvons jamais qui nous parle du « **Péril juif,** » qui est certes cependant bien le seul péril dont tous les vrais français devraient se soucier. Nous croyons que le scandale Zola-Dreyfus en a été une preuve assez éclatante pour que nous n'ayons pas à insister davantage.

Tout ce que nous demandons c'est que tous ceux qui doivent reconnaître aujourd'hui l'utilité qu'il y a de nous débarasser des juifs veuillent bien ne pas regarder si leurs voisins sont Socialistes ou Anarchistes ; Boulangistes ou Blanquistes ; Philippistes ou Bonapartistes.

Ayons toutes les opinions que nous voudrons, respectons-les toutes ; mais unissons-nous, entendons-nous, marchons tous la main dans la main, pour chasser l'éternelle brouillon, l'ennemi séculaire : **Le Juif.** Sans cela tous les partis, quels qu'ils soient piétineront toujours sur place et seront éternellement voués à la plus complète impuissance. Ceux qui s'entêteraient à ne vouloir pas suivre ces sages conseils laisseraient le droit de supposer qu'ils sont payés par les Juifs.

Eh bien ! puisque tous ces gens-là n'ont su nous remercier de l'honneur que nous leur avons fait en les accueillant chez nous, qu'en nous pillant, nous volant et nous trahissant, il n'y a qu'à abroger le décret du 21 septembre 1791 qui leur a accordé la qualité de citoyens français, et tout sera fini par là.

La fin du siècle dernier a vu se produire une Révolution violente qui n'a profité qu'aux Juifs ; pour s'en convaincre, il suffit de lire tous les discours prononcés en Synagogues au mois de mai 1889, à l'occasion du Centenaire de la Révolution. Ce ne sont que des chants d'allégresse, de joie, de bonheur et d'actions de grâces rendues au Dieu d'Israël, en souvenir de cette date mémorable et heureuse qui a transformé en citoyens français d'ignobles Juifs allemands.

La fin de ce siècle devra donc voir se produire une Révolution pacifique qui devra enfin profiter aux Français de France.

Une proscription en masse s'impose. On n'a pas tant fait d'histoires que cela lorsqu'il s'est agit d'expulser les religieux qui n'avaient cependant fait d'autre mal que celui de prier Dieu dans leurs cellules, et faire du bien à leurs semblables.

Pas de demi-mesures, l'égalité pour tous ! On a expulsé des Religieux qni n'avaient jamais fait que du bien, que l'on expulse les Juifs qui ne nous ont jamais fait que du mal. Seulement il reste, bien entendu, qu'avant de les conduire à la frontière nous devrons avoir soin de les délester de tout ce qu'ils nous ont volé.

Et si nos gouvernants actuels n'ont pas le courage nécessaire pour procéder à cette mesure de salubrité qui s'impose, qu'ils laissent la place à d'autres.

D'autant plus qu'ils n'ont pas l'indépendance nécessaire pour procéder à une épuration aussi colossale. Quand on nous parle de l'énergie de Méline on nous fait rire vraiment. Il est si énergique ce Vice-Président de la République qu'il a laissé bouleverser la France pendant trois mois par deux vilains juifs allemands : Reinach et Dreyfus sans exercer la moindre poursuite contre eux.

En d'autres termes il est visible que l'énergique Méline n'attend plus que la mort des meneurs de cette odieuse campagne pour qu'il agisse contre eux « avec la dernière rigueur ».

En voilà encore un carabinier que ce « doux Méline » ! Il n'aurait certainement pas déparé la collection d'Offenbach.

Il est bon d'ajouter aussi que son patron Rothschild est venu le prévenir qu'il lui donnerait sa huitaine si les Juifs devaient être persécutés comme ils le sont depuis quelques temps.

Les Dreyfusards peuvent recommencer leur infàme et odieuse campagne, le vilain youtre Reinach peut rééditer son « Chambardement général », ils fourniront au « doux Méline » l'occasion de dire qu'il va forger des lois pour poursuivre les meneurs, et au petit collégien Barthou l'occasion de faire poursuivre quelques antisémites de plus.

En voilà encore un ministre froussard qui ne trouve de l'énergie que pour faire poursuivre le jeune et vaillant antisémite d'Alger, Max Régis, pour « excitation au pillage », tandis qu'il laisse bien tranquille à son banc, le hideux et repoussant Reinach.

Ah ! si Max Régis était le neveu du juif allemand von Reinach le petit Barthou ne ferait pas tant le crâne avec lui.

Quand on est si courageux que cela avec les humbles et les faibles, et que l'on est si bas et rampant avec les puissants et les forts, on laisse la place à d'autres. **Ils sont nombreux ceux qui aspirent à l'honneur de donner ce coup de balai, qui devra assurer désormais le bonheur de tous les Français SANS EXCEPTION.**

(Un Groupe de Patriotes Français.)

Nous allons clôturer notre brochure par la circulaire publiée par la *Ligue antisémite* de Lille, à laquelle nous adressons nos plus humbles félicitations en même temps que nos sincères remerciements.

AUX FEMMES FRANÇAISES

Mesdames,

Confiants en votre traditionnelle vaillance, nous venons vous signaler un ennemi redoutable et vous supplier de nous aider à le combattre.

CET ENNEMI, C'EST LE JUIF !

Le Juif, — que vous enrichissez, femmes et filles de commerçants, — et qui, par l'installation de bazars dévastateurs, la mise en œuvre de procédés déloyaux, l'ouverture de liquidations irrégulières et de faillites scandaleuses, conduit vos pères et vos maris à la ruine ;

Le Juif, — à qui vous portez les économies du foyer, mères de familles, et qui, grâce à la solidarité si précieuse à Israël, envahit tout : places, fonctions et emplois, jetant vos fils sur le pavé et travaillant à réaliser la prédiction du Juif Stern : « Dans vingt ans, je me demande comment un chrétien fera pour vivre en France ! »

Le Juif, — aux doigts crochus duquel vous laissez l'or de vos aumônières, dames patronesses et religieuses de tous Ordres, — et qui, dans la Presse et les Pouvoirs publics, par les excitations haineuses et la persécution légale, la pornographie et le divorce, s'efforce, avec les Klotz et les Reinach, les Mayer et les Naquet, de rouvrir les plaies que vous voulez panser et d'amonceler sur notre sol les ruines morales, à côté des ruines matérielles des Mines d'Or et des Panamas.

Le Juif, — que vous faites vivre, ô filles de France, — et qui, actuellement, sous vos yeux, constitue un syndicat pour soustraire à la rigueur des justes lois, Dreyfus qui a vendu le sang de vos frères, Dreyfus qui a commis le plus épouvantable des forfaits : la trahison !

Exagérons-nous ?

Les faits sont là.

L'Hébreu Isaïas Levaillant écrivait à ses congénères, les frères Schwob, qu'il voulait arracher à la correctionnelle : « Je « vous soutiendrai... J'ai très vivement le sentiment de « notre race, que je considère comme la première aristocratie du monde. »

Eh bien ! Mesdames, vous connaissez l'ennemi. L'arme pour le combattre est entre vos mains : opposez à la solidarité juive la solidarité chrétienne et française. Votre dignité vous le commande, votre patriotisme l'exige !

Adressez-vous exclusivement à vos concitoyens ; répandez nos idées et usez du meilleur moyen de propagande : prêchez par l'exemple.

Grâce à vous, l'insolente prédiction du juif Stern se retournera contre ceux qui la brandissent sur nos têtes : « Dans vingt ans, s'ils veulent vivre, les Juifs auront repris la route des ghettos d'Allemagne, d'où ils sont sortis ! »

Maintenant donc que vous connaissez tous les Juifs et surtout toutes les infamies dont est capable cette race funeste et maudite, honte à ceux qui, malgré cela, persisteraient à vouloir leur porter leur argent. Ils ne pourraient plus être considérés que comme des mauvais français qui seraient mal venus de se plaindre s'il leur arrivait malheur.

(Un Groupe de Français de France.)

Oui ! nous voyons souvent des dames de charité appartenant aux plus grandes familles stéphanoises — nous pourrions citer des noms — venir nous demander de l'argent pour secourir les malheureux, et le porter ensuite chez des Juifs : aux « Deux Jumeaux », au « Petit Paris », etc.

Eh bien, il ne faut pas que cette comédie se continue ! En achetant chez des Juifs on ruine les commerçants stéphanois qui sont réduits à la faillite, à la misère. Que nos concitoyens qui verraient ce fait se reproduire feraient bien de faire leur charité eux-mêmes au lieu de donner leur argent à des intermédiaires qui pourraient en faire un meilleur usage.

Quant nous pratiquerons la vraie charité, celle qui se fait discrètement et sans bruit, nous ne verrons pas se renouveler des catastrophes aussi épouvantables que celle de la rue Jean-Goujon, à Paris.

Nous ne voudrions pas, qu'en parlant ainsi, on puisse croire que nous voulions la suppression des Ventes de charité, loin de là notre pensée d'autant plus que leur but est trop louable et trop généreux. Mais ce que nous ne voudrions pas voir, nous le répétons, c'est que, le produit de ces ventes, le produit de ces quêtes, soit versé dans des caisses juives. Voilà ce que nous avons voulu dire et nous nous plaisons à espérer que nous aurons été compris, d'autant plus que notre sollicitation est la plus naturelle du monde.

AVIS IMPORTANT

Tous ceux de nos amis qui voudraient bien nous prêter leur bienveillant concours dans l'œuvre d'assainissement que nous avons entreprise, œuvre essentiellement patriotique nous obligeraient en nous faisant connaître les noms et adresses des Juifs que nous aurions pu oublier, de même que nous accueillerons avec grande discrétion tous les détails ou tous les faits que l'on voudra bien prendre la peine de nous adresser. Nous en exprimons, par avance, toute notre reconnaissance.

P. S.

CONSISTOIRE CENTRAL DU CULTE ISRAÉLITE DE FRANCE

Siégeant à Paris, à la synagogue principale
44, rue de la Victoire.

ZADOC KAHN, ✳, grand-rabbin, rue Saint-Georges, 1.

ROTHSCHILD (le baron Alphonse de), C. ✳, membre de l'Institut, délégué de Bordeaux, président, rue Saint-Florentin, 2, Paris.

BÉDARRIDES, C. ✳, premier président honoraire de la Cour de cassation, délégué de Marseille, vice-président, rue de Monceau, 83, Paris.

ANON (Henri) ✳, adjoint au Maire du 2ᵉ arrondissement de Paris, délégué de Paris, rue Auber, 10, Paris.

DEUTSCH (Henry) ✳, marchand de pétrole, marque « *la Luciline* » délégué de Constantine, place des Etats-Unis, 4, Paris.

LÉVY (Maurice), O ✳, Inspecteur général des Ponts et Chaussées, membre de l'Institut, professeur au Collège de France, délégué d'Alger, 15, avenue du Trocadéro, Paris.

LÉVY (Théodore), O. ✳ Inspecteur général des Ponts et Chaussées, délégué de Nancy, rue Chauveau-Lagarde, 14, Paris.

MANUEL (Eugène), C. ✳, Inspecteur général de l'Instruction publique, délégué de Lyon, 11, rue Mignard, Paris.

MASSE (David), avocat, délégué de Lille, rue d'Antin, 19, Paris.

PÉREIRE (Eug.), G. O. ✳, président de la Cⁱᵉ Transatlantique, délégué d'Oran, faubourg St-Honoré, 45, Paris.

RODRIGUES (Camille), Industriel, délégué de Bayonne, boulevard Henri IV, 2, Paris.

Sée (Abraham), ✳, avocat, délégué de Vesoul, rue Villersexel, 7.
Worms (Dr), O ✳, membre de l'Académie de médecine, délégué
　　de Besançon, 32, rue Pierre-Charron.
Cahen (Abraham), ✳, grand-rabbin, secrétaire, rue Vauquelin, 9.

Quant on voit une semblable bande de Juifs allemands ou portugais, qui sont tous décorés de la Légion d'Honneur, on ne peut
contenir un mouvement de dégoût et d'indignation.

Cette bande d'accapareurs, d'affameurs et d'agioteurs, couverts
de Croix, nous remet en mémoire un quatrain de M. Marcel Habert,
croyons-nous, et qui n'a jamais pu être mieux placé qu'à la suite
de la bande cosmopolite ci-contre, le voici :

<blockquote>
Les temps étaient durs autrefois
On pendait les voleurs aux Croix
Aujourd'hui les temps sont meilleurs
Car on pend les Croix aux voleurs.
</blockquote>

COLONIE JUIVE DE SAINT-ÉTIENNE

SYNAGOGUE, 34, rue d'Arcole
Communauté dépendante du Consistoire de Lyon

Rabbin . . . . , ... **Séches** Edgard-David, 34, r. d'Arcole,
né à Bordeaux le 3 oct. 1864.

Ministre officiant . . . . **Wolff** David, 28, rue des Jardins, né à
Hobsheim, le 12 août, 44.

Concierge et Bedeau. . . **Dreyfus** Schillet, né à Mulhouse le 1er
février 1825.

ADMINISTRATION DU TEMPLE

Président . . . . **Lévy** Théodore, de la maison Lévy
frères, 2, rue Général Foy, né à Blo-
tzheim, le 13 octobre, 46.

Trésorier. . . . . **Blum** David, 5, rue Buisson.

Secrétaire . . . . **Simon** René-Louis, 41, r. Gambetta.

Membres . . . . **Alexandre** Salomon, « aux deux Ju-
maux, » 6, pl. Hôtel-de-Ville.

— . . . . **Blum** Emile, direct. du « Bon Génie. »

— . . . . **Landauer** L., de la « Grande Maison. »

FONCTIONNAIRES JUIFS

Magistrature . . . . . . **Gros** Maurice, substitut du procureur
5, pl. Mi-Carême.

Instruction publique . . **Kahn**, inspect. écoles, 6, r. de la Loire.

— . **Polack**, prof. d'allemand, au Lycée,
47, rue Michelet.

Contributions directes. **May** Théodore, 41, r. Gambetta, né à
Metz, le 22 juillet 1832.

Armée. . . . . **Lévy**, Louis-Joseph-Paul-Mardoché-
Enoch-Daniel, cap. 16e rég. d'inf.

COMMERCE

AMEUBLEMENTS, TAPIS

« **A la Ville de Paris** » **Greilshamer** Alfred-Abraham, 3, rue Général Foy, né à St-Etienne, 21 avril 56. Fils de *Léo*, décédé et d'Emilie Bernheim, r. Gambetta.

Moïse J.-M., rue de Lyon, né à Marseille le 31 mars 42 (rentier).

Netter Félix, 15, rue Violette, né à Isling le 27 septembre, 51. fils de Nathan et de Julie Dreyfus.

Braustein Isidore, né à Bukarest (Roumanie) le 16 avril 1869, de Pinhas et de Perle Pinhas Braustein, habite 21, rue du Treuil avec Adèle Lévy, née à Duppigheim, le 11 février 1871, de Benjamin et Joséphine Kahn.

Hirtz (Charles), associé avec son gendre Bloch (Benjamin) pour la fabrication des meubles, 20 et 32, r. Lyon.

ARMES (Fabricant)

« Société manufacturière d'Armes « **Bloch** veuve et **Lévy**, 14. rue de la Tréfilerie. *Lévy* Nephtalie, habite 10, rue de l'Ile, il est né à Bolvillers le 27 janvier 1863.

Bloch (Léopold) de la Maison Paul Durif et Bloch (Léopold), 36, rue Désirée.

BAZAR

« **Bazar universel** », Cahen Goetchell, 15, rue de Paris, app., 4, pl. Hôtel-de-Ville.

BIMBELOTERIE (Fabricant)

Weill frères, 3, rue de la Préfecture, dans la cour. *Benoît* habite 39, r. du Grand-Gonnet. Il est né à Dornach le 15 juin 1847. *Nathan* habite 3, r. de la Préfecture, né à Dornach, le 20 juin 1843.

BOUCHERS

Lévy Léopold, 37, rue Bourse, né à Marmoutier, 4 avril 60.

CHAUSSURES

Bernheim Jules, gérant de la « Cordonnerie générale », 5. rue
Général Foy, né à Lyon le 12 juin 1863, fils de Samuel et
Jeannette Haase, tous deux colporteurs, 11, rue de Turenne,
à Lyon.

COMMISSIONNAIRES (Rubans, soies)

Brack et Blum, 14, r. de la Paix.
Acte d'association de cette Maison :
  Lévy (Anatole), 17, r. Varnet, Paris.
  Brack (Achille), 17, boul. Hausmann, Paris.
  Blum (Salomon) 2, r. Pigalle, Paris.
  Brack (Samuel), 17, r. Lauriston.
  Lévy (Jeanne et Clémentine), Commanditaires à la suite du
    décès de leur père Anatole Lévy.
Brussel et Cⁱᵉ, 2, rue de l'Alma.
Acte d'association de cette Maison : siège social, 10, quai St-Clair
  Lyon, pour 12 années à partir du 12 déc. 97 :
  Guttmann (Henri,), 15, avenue Noailles, Lyon
  Brussel (Wilhelm), 186, av. Vᵒʳ Hugo, Paris.
  Brussel (Julius), banquier à Hambourg.
  De Cazenove (Madame Emilie-Paule-Hélène) épouse de Damb-
    mann, qui l'assiste 53, av. Noailles, Lyon.
Dreyfus Frères, de Paris, 5, place de l'Hôtel-de-Ville, à Lyon,
  3, rue Arbre-Sec.
Ducas Frères, 12, Place Paul Bert. *David*, né à Hatstatt, le 6
  juillet 48 ; *Alexandre*, né à Colmar, le 21 sept., 60. *Aaron*, né à
  Hatstatt, le 23 avril 65.
Frankel Léon, 6, place Dorian. Est inscrit à l'état civil sous le
  nom de Franenkel, né à Izierzy (Pologne), le 27 juillet 34.
Gaismann Henry, (les neveux de), 2, rue Balay. *Blum* Joseph,

14. rue Gambetta, né à Courcelles, le 10 mai 51. *Lévy* Jacques, 15, pl. Marengo, né à Blotzeim, le 4 mai 1843.

Hesse Alexandre, « A la religieuse », 1, place Hôtel-de-Ville. — *Edmond*, son frère, est employé chez lui, il est né à Saint-Etienne le 12 juin 58, fils d'Emmanuel et d'Aryette Valiche.

Lévy, frères, 2, rue du Gén. Foy (maison à Paris).

Lévy-Blum, pl. Hôtel-de-Ville.

Malher, 12, rue de Lodi (maison à Paris).

Nordmann frères, 5, place Mi-Carême. *Aaron*, 1, r. Préfecture, né à Herzenheim le 25 sept. 1845, fils de Moïse, Rabbin, et d'Augustine Bloch, s'est marié à Bâle le 30 mai 79, avec Mathilde Ditisheim, née à La Chaux de Fonds, fille de Aaron et Eléonore Weiller. *Léon*, 9, rue République, né à Herzenheim le 31 janvier 51, frère du précédent. S'est marié le 20 août 88 avec Lucie Wertheimer, née à Plain-Palais, fille de Joseph Rabbin et d'Elise Shwab ou Schwob ; elle est la sœur de Wertheimer, médecin juif à Lyon, 1, cours Gambetta. *Jacques*, 3, rue Saint-Honoré, né à Herzenheim le 27 avril 1855.

Schrameck frères, de Paris, 7, r. de l'Alma.

Schuster Maurice, 6, r. de la Paix.

Warburg R. D. 5, pl. Mi-Carême, maison à Lyon et à Paris.

CONFECTION POUR DAMES

Nouveautés, Etoffes, Tissus

« **Le Bon Génie** », Emile **Blum**, directeur, 14. r. Denfert-Rochereau, né à Paris le 6 sept. 53. Actuellement, 23, rue de la Préfecture.

Bourstein Moïse, 20, rue Neuve, est né à Augustowa (Pologne), le 24 janv. 1829. (Le magasin est tenu par la femme, née Fany Bourkowsky. Le mari a ses grandes et petites entrées dans les casernes ou il va débiter son affreuse camelotte à nos braves petits pioupious. Nous allons enquêter aux fins de savoir s'il n'y fait que cela). Son fils Joseph est employé chez lui. Il vient de se marier avec la juive Heym, chez ses parents, 4, rue Villedieu.

Gompel et Co « *Paris-St-Etienne*, » 40, rue de la République.

« **Les fils Georges,** » Bernard et C^io succ^rs, 2, rue Gambetta.
Le juif Bernard est né à Vantoux le 6 nov. 1866. Son commanditaire est le juif Coblentz, 59, avenue Grande Armée, Paris.

Hirtz Charles, 32, rue de Lyon, né à Witzenheim le 19 mars 1838.
Sa femme est née Marie Bloch. Il a marié sa fille Hélène le
19 nov. 1896 avec Bloch (Benjamin), voy. de comm. à Paris, 149,
r. Lafayette, né à Paris le 1er décembre, 59, de Baruch et Ninette Strauss. Leur fille aînée Fanny est mariée au juif Alkan,
marchand de chevaux à Vitry-le-François, rue de Vrignicourt,
Leur fils Henri accomplit sa période militaire au 16e de ligne.
Leur fils aîné David, n'a pas fait de service militaire, pourquoi ? Comment ce juif a-t-il pu échapper à la loi ? Nous allons
chercher à le savoir.

En attendant, il paraît que Charles Hirtz, le père de toute cette
nichée de petits youppins, est un pourfendeur terrible. L'année
dernière il avait tenté d'essayer ses biceps hébraïques sur
Monsieur Joseph Laurent, le vaillant antisémite qui dirige
« La Croix du Forez » mais comme celui-ci n'est pas précisément un manchot, notre hébreu s'est prudemment replié en
bon ordre. C'était ce qu'il avait de mieux à faire.

« **A la Ville de Paris,** » Greilshamer Alfred-Abraham, 3, rue
Général Foy.

« **Aux Modes de Paris,** » mais plus particulièrement connue sous
le nom de « La Juive ». **Lévy** Isaac, en est le propriétaire,
place Dorian, 10, angle de la rue de la Comédie, 3 et 5. Ce Lévy
est né à Belfort le 13 janvier 44, fils de Maurice et d'Esther
Picard.

Dans cette boutique, pour ne pas dire ce repaire, le raccolage y est élevé
à la hauteur d'une institution. Les pauvres paysans qui ont le malheur de
s'arrêter devant le n° 3 ou le n° 5 de la rue de la Comédie sont littéralement
enlevés et transportés dans le taudis « de la Juive, » après quoi on leur arrache
leurs paniers et tout ce qu'ils peuvent avoir avec eux. Tout cela leur est ensuite
rendu fort gracieusement s'ils se sont laissés délester de tout leur argent en
échange d'une infecte camelotte ; mais s'ils n'achètent rien ils sont bousculés
malmenés et mis à la porte avec force injures et grossièretés. On nous fait part
d'un truc que cette « grosse juive » exploite avec succès, c'est le coup de la

« Liquidation après incendie. » Oh le truc est simple allez! Le soir, après la fermeture de sa boutique, cette juive, munie d'une bougie, brûle les extrémités de quelques pièces d'étoffe, environ un centimètre ou deux ; et le lendemain cette grosse youppine étale sa camelotte, raccole les passants en ayant bien soin de leur dire que si elle leur laisse cette marchandise à des prix exceptionnels de bon marché c'est parce qu'elle a été avariée par le feu. » Les bons gobeurs écoutent les boniments de la vieille juive et le tour est joué.

Nous en raconterons d'autres dans notre prochaine édition.

Et l'on nous affirme que cette ignoble boutique est assez régulièrement visitée par nos bonnes sœurs, nous aimons à croire qu'elles n'y retourneront plus maintenant.

Lévy Adolphe, 29, rue Paul Bert, né à Montbéliard, le 2 mars 1843.

Lévy Théodore, 23, rue Montaud.

Netter Moïse, doublures, 18, pl. du Peuple, né le 20 mars 59 à Isling, fils de Nathan et Julie Dreyfus. — Marié avec Cécile Oppenheim, fille de Baruch et d'Hesther Polach.

Wegrowe Ulysse-Jacob, 40, rue Michelet, est né à Bordeaux le 2 juillet 1863.

COTONS, LAINES FILÉES & SOIES

ISRAEL (Jules May), 1 rue d'Isly, est né à Thionville le 4 octobre 1894, commerçant sous le nom de Jules May et Cⁱᵉ, 22, rue de la Bourse.

EMPLOYÉS DE COMMERCE ET DIVERS

Bloch Benjamin, 20, rue de Lyon, né à Strasbourg le 1ᵉʳ décembre 69, associé avec son beau-père, le juif Hirtz (Charles).

Cahen Henry, comptable, 22, rue des deux Amis, né à Lyon le 21 juil. 1875, fils de Benjamin et d'Emma Bloch, tissus, 31, rue St-Joseph, Lyon.

Cahen Benjamin, 22, rue des Deux Amis, né à Guebwiller le 25 fév. 47, père du précédent.

Danziger Georges-Gerson, employé chez May, 22, rue la Bourse, est né à Paris, 11 juin 1866, fils de Joseph et d'Agathe Israël. Au mariage de Danziger, le 3 mai 95 nous trouvons comme témoin, à côté de Gerson-Gaston Israël, oncle de l'époux, un

Monsieur *Israël* Jules May, 45 ans, oncle de l'époux également.
M. May Jules, marchand de soies et cotons, 22, r. Bourse,
pourrait-il nous dire s'il n'est pas cet *Israël* Jules May?

Dreyfus (Léopold), gérant au « Stéphanois », 19, rue Paris.

Dreyfus Raphaël, 21, r. Montaud, né à Colmar le 6 janvier 1856.

Gintzburger Fromel, voy. de com., 32, rue Paul Bert, né à
Dambock le 2 mars 1831.

Gintzburger Gaston, comptable, fils du précédent et frère du
rédacteur en chef de « l'Eclaireur », né à St-Etienne le 1er
janvier 1872. Sa mère est née Rosalie Dreyfus.

Gaismann Louis-Jacob, 2, r. Balay, né à St-Etienne le 31 août 67.

Grumbach L.., 24, rue des Jardins.

Heillmann Antoine, comptable, 39, rue de Lyon, né à Molshein
le 10 juin 52.

Herz, emp. « à Victor-Hugo », (vêtements), r. Gambetta, 15.
Encore un juif qui se cache sous le nom de Barrois, comme
son frère le marchand de lunettes.

Heym Lazare, empl. au P.-L.-M., né à Châlons s/s le 16 avril
1837, habite, 4, rue Villedieu avec sa femme, Rosalie Dreyfus.
Son fils *Clément*, ajusteur, né à St-Etienne le 20 oct. 1860. —
Son fils *Elie*, emp. né à St-Etienne le 20 déc. 68. Vient de
marier sa fille avec le fils Bourstein, de la rue Neuve.

Dans l'acte de naissance du fils Clément, il y a eu une
fausse déclaration, car il est inscrit sous le nom de Clément
Junot, fils de Lazare Junot et de Rosalie Dreyfus. En marge
on lit : « légitimé en 1868 » et on a mis Heym, au-dessus de
Clément Junot. et le père a signé : Lazare Junot.

Voilà donc un petit juif qui est d'abord inscrit comme légitime sous le nom de Junot et plus tard on le légitime une seconde fois sous le nom de Heym.

Sous cette fausse déclaration il doit assurément se cacher
quelque vilaine histoire que nous narrerons un jour à nos
lecteurs.

Hirtz David, 32, rue de Lyon, né à St-Etienne, le 3 avril 1867,
fils de Charles et de Marie Bloch. C'est ce juif dont nous avons
parlé tout à l'heure et qui a trouvé le moyen de s'esquiver du
service militaire sans que l'on ait jamais bien su pourquoi.

Hirtz Raphaël, 32, rue de Lyon, né à St-Etienne, le 20 sept. 1873, frère du précédent.

Lévy Auguste, 12, r. de la Bourse, né à Blamont, le 20 sept. 61, fils de Salomon, ministre officiant et d'Adèle Lévy.

Lévy Gaston, 6, r. Marengo, né à Belfort le 16 nov. 1861.

Lévy Joseph, 28, rue de la Loire, né à Niederod le 18 fév. 1864.

Lévy Joseph, employé à « la Juive », 5, rue de la Comédie, né à Belfort le 13 déc. 1863.

Mazaud-Weill, (veuve), chez son fils, ganterie 19, r. gén. Foy.

Schoppig Meyer, 8, r. Balay, né à Delemont (Suisse), le 15 janvier 39.

Schoppig Samuel. fils, 83, rue Richelaudière, né à Bâle, le 12 avril 72.

Wégrowe (Prosper-Ignace-Isaac), 6, rue Roanelle, né à Mont-de-Marsan le 6 septembre 1872.

Weill, 3, rue Francis Garnier.

Wolff Lazare, lithog., 37, rue Paul Bert, né à Hosbsheim le 17 août 52.

HUILES MINÉRALES

Les fils de A. **Deutsch** : « *La Luciline* », dépôt aux Docks de St-Etienne.

GANTERIE

« Au Chevreau d'or », **Grumbach** sœurs, anciennement 19, rue de Paris, viennent de s'installer 17, r. Gén. Foy.

Grumbach Moïse, même adresse, est né à Wintzenheim le 20 mai 35.

INGÉNIEUR

Simon René-Louis, 41, rue Gambetta, né à Montpellier le 24 février 1850.

JOURNAUX

« *L'Eclaireur* » Gintzburger (Alphonse) rédacteur en chef sous le nom de « André Williers », né à St-Etienne le 5 juillet 73 — fils de Fromel et de Rosalie Dreyfus.

« *Le Stéphanois* ». Dreyfus (Léopold), employé gérant 19, rue de Paris, né à Verthauzen le 12 juin 54, fils de Jonas Schiller Dreyfus, concierge à la Synagogue et de Caroline Lévy.

LACETS (Fabrique de)

Lévy frères, Théo et Jérôme, 53, r. de la République.

LAINES FILÉES, COTONS ET SOIES

May (Jules) et Cⁱᵉ, 22, rue de la Bourse, habite 1, rue d'Isly sous le nom de **ISRAEL** (Jules May).

LINGERIE, BLANC, DENTELLES, ETC.

« *A la Fiancée* » Wissenthal Lazare, 2, r. de la République,

« *Au petit Paris* » **Weill** David, 15, r. du Général Foy, né à Verthausen le 4 sept. 63, fils de Lipmann et Rebecca Weyl. Associé avec Isaac Ledermann, 16, r. Vieille Poterie à Orléans, pour 12 ans, à partir du 16 octobre 1893.

« *A la simplicité* » **Schnerb** Léopold, 6, r. de la Comédie, et déballage, 7, r. République, né à Wackenheim le 5 déc, 67.

MÉDECIN

Kahn Maurice, 6, r. de la Loire, né à Luxeuil le 2 fév. 48, fils d'Hayem, professeur d'allemand et de Salomé-Lévy, dite Joséphine.

MACHINES A COUDRE

Singer et Cⁱᵉ 20, rue Gambetta.

OPTICIENS (Lisez: Marchands de lunettes)

Hertz H. dit Barrois, 12, grande rue St-Jacques.
Hertz, 6, rue de Lyon.
Mossé Alfred, 13, rue de Paris.
Rouff frères, 4, rue du Grand Moulin. — *Victor* né à St-Etienne

le 21 juin 50, fils de Maurice Ignace Rouff et de Philippine Wallach. — *Camille* né à St-Etienne le 6 juin 48. — *Maurice* né à Saint-Etienne le 28 juillet 58. — Ce juif s'occupe également d'engrais et produits chimiques.

PROFESSEURS

Bloch Salomon, 2, r. Gambetta, né à Soultz le 20 avril 1819.
Grumbach Ernest, r. de la Loire, né à Besançon, le 5 oct. 1833,

PROPRIÉTAIRES ET RENTIERS

Bernheim madame, 13, rue de la Paix.
Bernheim Isaac, 13, r. St-Honoré, né à Vesoul 25 avril 1816.
Bloch veuve, 6, rue Buisson.
Blum Mme, née Haas, 13, r. d'Arcole, mère de Robert Blum.
Blum David, 5, r. Buisson, né à Mutheroty, le 24 mai 1820.
Dreyfus veuve, 21, rue Montaud.
Klein-Berheim veuve, 31, rue de la Paix.
Greilshamer veuve, née Emile Bernheim, 14, r. Gambetta.
Lévy veuve, 23, rue Montaud.
Moïse (J.-M.) ancien marchand de meubles, 20, r. de Lyon
Netter Léon, 9, rue d'Arcole.

REPRÉSENTANTS DE COMMERCE, VOYAGEURS, COLPORTEURS

Abraham-Dreyfus-Mock, 8, rue Balay, né à Hattstatt le 12 mai 1849, fils de Michel, boucher, et de Sarah Haas, marié le 3 septembre 75 avec Pauline Mock, née à Kirschberg le 31 déc. 1853, fille de Judas et de Babet Bloch, marchands de chevaux.
Bernheim Constant, liqueurs, 13, pl. Marengo, né à Vesoul le 1er octobre 1816, représentant de « **La Burgeatine** ».
Blum Robert, 13, rue d'Arcole, né à Colmar le 7 novembre 1850, fils de Joel et de Sarah Haas, veuf de J.-M. Kron, s'est marié à St-Etienne le 21 juin 1883 avec Julie Ducas, 3, rue d'Arcole, née à Hattstatt le 19 mai 52, fille de Jacques dit Bocker et de Caroline Bloch. Elle est la sœur des Ducas frères, comm^res, 12,

place Paul Bert. (Nous soupçonnons ce juif être l'auteur de la
lettre de menaces de mort que l'on trouvera plus loin. Nous
enquêtons sur ce point).

Bernheim Gustave, 13, r. St-Honoré, né à Mulhouse le 1er octobre 43.

Bourstein Joseph, fils de Moïse, chez lequel il habite, 20, rue
Neuve. Vient de se marier avec la juive Heym, 4, rue Villedieu,
chez ses parents.

Dreyfus (P), 6, rue d'Arcole, représentant de la maison Kieffe
frères, 24, rue St-Georges, Paris.

Grumbach Gustave, 15, rue Général Foy, né à Cernay, le 4
avril 64, fils de Louis et de Lisette Frank à Héricourt. S'est
marié à St-Etienne, le 23 janvier 94 avec Marie Weyl née à
Werthausen le 29 août 1860, 15, rue du Général Foy, fille de
Lipmann Weyl et Rebecca Weyl. Témoins du mariage : Weyl
Samuel, 56 ans, marchand de farine, oncle ; Weyl David, 29 ans
« Le Petit Paris » frère.

Hirtz Charles, 32, rue de Lyon, né à Wintzenheim 29 mars 38.

Hirtz Isaac, 8, rue de Grenette, né à Wintzenheim 23 juin 28.

Kahn Nephtalie, 8, rue de la Bourse, né à Brésheim 5 février 31.

Klein-Bernheim fils, 31, rue de la Paix.

Lévy Paul, 7, rue Paul-Bert, né à Niederbod 7 août 1868.

Lévy Séraphin, 23, rue Montaud, né à Cernay le 11 novembre 52.

Ulmann Théodore, 61, rue St-Roch, né à Foussemagne le 5 août
1852.

Weill P. 9, rue de la Bourse.

Weyl Samuel, farines, 13, rue Robert.

SOIES, LAINES ET COTONS

May (Jules) et Cⁱᵉ, 22, rue de la Bourse, habite 1, rue d'Isly, sous
le nom de **ISRAEL** (Jules May).

SOLDEURS

« **A la Concurrence** » déballage, **Schnerb**, 7, rue République.

Lew Irtko-Jacob-Haïm, rue Michelet, né à Lida (Russie) le 25

mai 66, de Haïm Berka et Pserda Levoye ; s'est marié le 22 oct.
96 avec Slozisky (Léo Ninna), née à Fougoven (Russie), le 11
sept. 72, fille de David et Hanna Davkosky.

Tamarkin Moïse, 30, rue Gambetta.

Teglio P., toiles cirées, 30, rue République.

TAILLEURS (Marchands de Vêtements)

« **Aux deux Jumeaux** », **Alexandre** Salomon, 6, place Hôtel de
Ville né à Ribeauvillers le 15 juin 38. (Vient d'être déclaré en
faillite.)

« **A la Grande Maison** » **Landauer** Léon et **Séligmann**, 2,
place de l'Hôtel de Ville. Le juif Landauer est né à Saverne le
20 sept. 55 et habite 2, rue de la Paix.

Acte d'association pour 10 ans à partir du 9 février 93 :

Landauer (Léon) négociant à St-Etienne.

Landauer (Léopold), négociant à Nîmes.

Séligmann (Albert) négociant à Nîmes « Maison modèle. »

« **A Sainte Barbe** » Eugène **Lévy**, jeuné et Co, 4, rue Général
Foy, siège social à Paris, 8, r, de la Vrilière, né à Uffholtz le
20 août 1856, fils de Simon et Marie Lévy, s'est marié à Cons-
tance le 22 mai 88, avec Julie Meyer, fille de Jacob, boucher et,
de Claire Franck. — Dites donc juif Lévy ! ne pourriez-vous
pas laisser en paix la digne patronne des artilleurs et prendre
un autre nom pour votre enseigne? Vous avez un saint tout
désigné, c'est saint Dreyfus, allons ! faites vite ce changement
et dépêchons-nous.

Acte d'association pour dix ans à partir du 8 janvier 96 :

Lévy (Eugène).

Lévy (Lucien).

Nathan (Myrthil) dit Salomon.

Dans cette boutique il y a un extraordinaire gérant qui jure sur
l'honneur qu'il n'y a pas le moindre petit juif dans la boîte qu'il
dirige. Et ces trois youppins là qu'est-ce qu'ils sont donc ?

« **Tailleur Riche** » **Molina**, 12, rue Gambetta. Ce juif habite
Marseille, 15, cours Lieutaud.

« Tailleur Parisien » **Crémieux**, 15, place Hôtel de Ville, à
Lyon, 83, rue République.

« **Halle aux Vêtements** » **Hecker**, 7, rue République. Encore
un juif errant qui arrive de St-Chamond.

TANNERIES

Simon-Ulmo, place Sadi-Carnot, administration à Lyon, 141,
avenue de Saxe.

VENTE A CRÉDIT

« **Bon Génie**, » succursale de Lyon, Emile **Blum**, directeur, 14,
rue Denfert-Rochereau ; actuellement, 23, rue Préfecture.

« **Paris-Saint-Étienne** » **Gompel** et Co de Paris, 40, rue République.

Dans notre prochaine édition nous expliquerons le mécanisme, le
fonctionnement de ces institutions ignobles, de ces institutions
de brigandage, généralement connues sous le nom de « Crédit
par abonnements » ou « Vente à crédit. »

Nous verrons comment, sous des dehors de *philanthropie*, on vole
les pauvres gens le *plus légalement du monde*. Disons de suite
que ces institutions sont d'invention juive.

—————————

C'est en parcourant l'Etat civil des Juifs de Saint-
Etienne que nous avons trouvé les mariages de deux
de nos bons amis. Le premier c'est le juif Alexandre
Blum, notaire à Charmes (Vosges), qui nous a menacé
de toutes les foudres hébraïques, si nous mettions son
nom dans notre « Indicateur des Juifs, » le nom a paru
et personne n'est encore mort. L'autre juif c'est Marx

Dreyfus. — Dieu que de Dreyfus dans cette bonne ville de Saint-Etienne ! — qui tient une boutique de march. de vêtements « Au Progrès » à Clermont-Ferrand. Ce juif a toutes les audaces. Il envoie des circulaires à tous les Curés de l'Auvergne en leur demandant d'être ses courtiers auprès des parents qui ont des enfants qui font leur première communion. Et, pour le courtage, ce Juif généreux offre une remise de 10 % sur les « Complets » que Messieurs les Curés lui feront vendre.

Ignoble Juif ! nous allons t'en fournir des courtiers à 10 %, va n'ai pas peur !

RIVE-DE-GIER

Valabrègue, chef de gare.

(Nota). A l'instant on nous annonce que ce juif vient d'être nommé *Inspecteur* à Genève. Nous avions cru tout d'abord à une plaisanterie, mais renseignements pris auprès de la Comp. P. L. M.; le fait est absolument exact. C'est à croire vraiment qu'il n'y a plus de chefs de gare français dans la 7e section, où ceux-là, alors, auront le droit de trouver la plaisanterie mauvaise. Si la Comp. P. L. M. croit se faire un prestige en prenant des juifs pour en faire des Inspecteurs, elle se trompe. En attendant il y a eu là une injustice flagrante, et un affront fait à de vieux serviteurs français qui avaient bien d'autres titres à ce poste important, que ce vilain juif papalin.

Il y avait déjà un juif inspecteur au P. L. M., c'est Brisac, d'Alais, le frère du sous-préfet de Mauriac, fils de Brisac, l'employé des Marix frères de Lyon, c'était bien suffisant ; un Valabrègue de plus, c'est beaucoup trop.

SAINT-CHAMOND

Cahen, commerce de rubans.
Cahen, opticien, rue Croix Gauthier.
Lévy, nouveautés, 3, rue Alsace-Lorraine.
Lévy Eug., confections, pont St-Antoine.
Lévy frères, (Albert et Lyon) fab. de lacets.
Paris-St-Chamond, Gompel et C°, 7, rue du Rivage.
Netter Maurice, conf., r. Croix Gauthier.
Picard, empl. chez Lévy frères.
« A la Grande Maison, » conf., r. de la République ; Hecker,
vient de partir pour St-Etienne où il a installé une bouti-
que sous le nom de « Halle aux Vêtements, » 7, rue de la
République.

FIRMINY

Gompel et C°, Vente à crédit.

ROANNE

Maison Crémieux, tailleur, 55, rue du Lycée.
Gompel et C°, vente à crédit, 38, rue du Phénix.
Hirtz-Gotchel et C°, opticiens, 94, rue Nationale.
Lévy, tisseur, nouveautés, 12, rue Mulsan.
Kauffmann « au Patriote, » tailleur, 56, rue Nationale. Ce

Juif tient une boutique à Clermont « Au Phare du Puy-de-Dôme. »

En voilà un juif allemand qui ne manque pas d'aplomb avec son enseigne « Au Patriote! » Pour être complet, ce juif devrait ajouter « Alfred Dreyfus, » il en aurait d'autant plus le droit qu'il est allié avec la famille de ce grand patriote. Voyons plutôt son état civil :

En 1891, Samuel Kauffmann débarquait de l'Allemagne, où il est né, le 24 août 1861 à Hagueneau, fils de Jacques, marchand de grains et de Caroline Lévy. Il était employé de commerce, 6, rue de la République.

Le 25 mai, il se mariait à St-Etienne avec Sarah Dreyfus, chez ses parents, 34, rue d'Arcole, née à Werthausen le 23 fév. 61, fille de Jonas, le concierge de la Synagogue et de Caroline Lévy.

Kauffman, Lévy, Dreyfus, en voilà une famille de patriotes ! Voilà un sale juif qui a bien songé à se faire naturaliser Français à 34 ans quand il a vu que cela devenait indispensable à ses intérêts, mais il n'a jamais songé au service militaire. Comment se fait-il que le gouvernement n'ait pas encore envoyé ce mandrin-là à la caserne !

Enlevez cette enseigne de « Patriote, » vilain youtre ! et, à la place, mettez celle-ci : A l'Espion, ou, « Au Traître. » Choisissez, mais dépêchez-vous surtout.

P. S.

AVIS

Nos lecteurs pourront remarquer que Messieurs Maïer Jacob, architecte et Albert Léhmann, commissionnaire, 5, rue de la Préfecture, ainsi que les Léhmann, 23, rue Beaubrun, ne figurent plus sur nos listes. Ces Messieurs ayant justifié qu'ils n'avaient jamais eu rien de commun avec la race juive, nous nous sommes fait un devoir de faire droit à leurs requêtes.

Mlle Mazaud (Rosa), 19, rue Général-Foy, ayant également justifié qu'elle avait été baptisée à Paris, et fait sa première communion à St-Etienne, a été rayée de nos listes en raison de l'origine française de son père.

Sa mère, Madame V° Mazaud, née Weill, ayant cédé son commerce à son fils, figurera désormais dans la catégorie des employés de commerce ; il en est de même de M. Ross, boucher et Madame V° Weissembach, et des « Nouvelles Galerie s« dont on lira la lettre plus loin, sous toutes réserves cependant pour cette dernière maison.

NOTRE CORRESPONDANCE AVEC LES JUIFS

Nous allons donner maintenant un échantillon de la correspondance que nous avons échangée avec quelques Juifs de St-Etienne, et que l'on trouve in-extenso dans le grand « Indicateur israélite » de la France entière, prix 2,50, poste 3,10. Mais, au préalable, deux mots d'explications sont utiles pour permettre aux lecteurs de saisir le sens de cette correspondance, les voici :

Au début de notre entreprise, lorsque nous recevions des listes de Juifs de toutes les villes de France, nous prenions toutes les précautions possibles pour éviter des erreurs. A cet effet, nous adressions donc à chacun des intéressés, dont on nous donnait les noms, qualités, etc., une circulaire où nous disions en substance ce que nous voulions faire et le but que nous poursuivions.

C'est cette circulaire annonçant notre publication qui n'était pas du goût des Juifs, ainsi qu'on va le voir, et qui nous a attiré des milliers de lettres dans le genre de celles que l'on va lire.

Prenons au **hasard**, la première qui nous tombe sous la main est celle du Dr Maurice Kahn, 6, rue de la Loire :

Monsieur le Directeur,
« J'ai reçu votre circulaire concernant un annuaire israélite que vous auriez l'intention de publier. Je ne vois en aucune façon, ni de quelle utilité une pareille publication pourrait bien être pour les Israélites. Mais en revanche je comprends très bien en quoi elle pourrait servir à leurs ennemis. »

Je ne savais pas que les Juifs aient des ennemis, mais enfin il n'est pas bête du tout, le Dr Kahn et, comme lui, nous comptons bien que tous les bons et vrais Français sauront se servir des renseignements que nous leur donnons pour éviter de porter leur argent chez les Juifs.

« Aussi j'espère bien qu'aucun de nous n'aura la naïveté de vous autoriser à y insérer son nom. »

Qu'ils nous autorisent ou non, M. Kahn, cela nous est absolument égal, nous les insérerons quand même.

« Je n'ignore pas plus que vous que le défaut de réponse ne saurait tenir lieu d'une autorisation, néanmoins je trouve plus prudent de vous INTERDIRE FORMELLEMENT l'insertion de mon nom et de ma qualité dans ce catalogue pour le moins inutile.
Recevez, Monsieur le Directeur, etc. »
Docteur KAHN.

Pour une fois, M. Kahn, « votre prudence a été pour le moins inutile aussi, » car vos noms, adresses et professions figurent dans notre indicateur, ainsi que vous pouvez le voir.

*
**

Voici maintenant le tour du juif René Simon, 41, rue Gambetta ; l'annonce de notre publication ne paraît pas non plus lui sourire beaucoup, lisons plutôt :

Monsieur Phil. Sapin, Lyon.

St-Etienne, le 23 juillet 96.

« J'ai reçu de vous une note imprimée m'invitant à déclarer ma religion dans la huitaine, sous peine d'insertion de mon nom dans votre annuaire. »

Ce n'est pas vrai, Monsieur, notre circulaire ne demande aucune déclaration aux personnes qui sont juives, elle prie simplement celles qui ne le sont pas de vouloir bien nous le dire, et voilà tout. Tandis que votre lettre tendrait à faire croire que je vous ai menacé sous condition, ce qui est faux absolument, et je proteste.

« Je n'admets pas un Annuaire confessionnel dans un pays de liberté comme la France. »

La religion, Monsieur, ou la confession, comme vous voudrez, n'a absolument rien à voir dans notre affaire. Nous voulons connaître les Juifs comme d'autres veulent connaître les Allemands, les Anglais et rien de plus. D'autre part, nous pourrions vous dire qu'il y a aussi bien des choses que nous n'admettons pas non plus, nous, et que nous sommes obligés de supporter quand même.

« Et je vous interdis donc d'insérer mon nom sous peine de poursuites judiciaires. Que je sois israélite ou non, vous n'avez pas qualité pour me le demander. »

R. SIMON.

En effet, M. l'Ingénieur R. Simon, je n'avais aucune qualité pour vous demander si vous étiez juif, mais puisque vous avez été assez naïf pour me répondre, j'en conclus que vous êtes juif, et dès lors votre nom appartient à mon annuaire.

Votre nom me rendait hésitant, et si vous n'aviez pas répondu vous auriez bénéficié du doute, je vous rayais de mes listes. Pour cette fois, la peur l'a emporté sur la prudence.

En attendant, M. Simon a fait comme il l'a écrit, il nous a assigné devant le Tribunal civil de Lyon, en paiement de dix mille francs de dommages et intérêts pour avoir mis son nom dans un livre de Juifs. Nous ferons connaître les résultats à nos amis de St-Etienne.

**

Encore une lettre de juif et ce sera fini. Seulement pour celle-ci, chers lecteurs, nous vous prierons de vouloir bien nous accorder toute votre attention. Ce n'est pas que cette lettre soit longue, mais c'est surtout à cause de l'enseigne derrière laquelle ce juif s'abrite pour vendre sa camelotte.

St-Etienne, le 28 juillet 1896.

Monsieur le Directeur,

Je vous fais défense formelle de vous occuper de moi et de mettre mon nom et mon adresse dans l'Annuaire que vous projetez.

Recevez, Monsieur,

ALEXANDRE HESSE « A la Religieuse ».

Nous lui avons immédiatement répondu :

Lyon, le 29 juillet 96.

Monsieur,

Commencez d'abord par faire disparaître l'image de la sœur de St-Vincent-de-Paul dont vous vous servez pour exploiter la bonne foi et la crédulité des Français, et nous verrons après le cas que nous devrons faire de votre défense.

Nous vous saluons,

PH. SAPIN.

Et mon Dieu, oui ! ce gaillard-là n'hésite pas à prendre comme marque de fabrique l'image de nos bonnes sœurs de Saint-Vincent-de-Paul. Il veut exploiter chez nous la corde religieuse comme d'autres de ses correligionnaires exploitent la corde patriotique.

Ce juif n'ignore pas de quel respect et de quelle vénération sont entourées ces saintes filles de Dieu dont l'existence entière n'est faite que d'abnégation et de dévouement, et c'est pourquoi il s'empare de leur image pour s'en faire une marque de fabrique qu'il répandra désormais sur tous ses imprimés et dans toutes les publications où il fera annoncer sa maison.

Pour montrer à nos lecteurs que nous n'inventons rien, nous les prions de vouloir bien se reporter au Bottin des départements, page 1286, colonne 1re, année 1897. Que les Juifs pren-

nent pour marque de fabrique un Rabbin, ou un ministre officiant revêtu de son costume sacerdotal, c'est leur droit ; qu'ils
prennent la photographie d'Arton, de Reinach, de Cornélius,
du traître Dreyfus ou de son ami Zola, ou bien encore de
Rothschild s'ils le veulent, nous n'y voyons aucun inconvénient, nous les engageons même à le faire ; mais nous ne tolé-
rerons jamais, nous, Français de France, que des Juifs s'abritent
plus longtemps derrière l'image de nos Religieuses ou de l'Enfant Jésus pour leur permettre de se faire de gros revenus en
trompant plus facilement les acheteurs trop confiants et trop
crédules qui s'égarent chez eux.

Nous devons protester avec d'autant plus d'énergie contre
cet abus, que les Juifs font de tout ce que nous avons de plus
sacré, c'est qu'ils se servent de nos bonnes Sœurs pour se faire
des rentes, quitte ensuite à les traîner dans la boue comme
dans *La Lanterne* sous le nom de « Brioché » et dans l'*Eclaireur*, de St-Etienne, sous le nom de « André Villiers, » lorsqu'il s'agira de discréditer la religion catholique en général,
et les Prêtres et les Religieuses en particulier, voilà donc un
point sur lequel nous tenons à attirer l'attention de tous nos
lecteurs.

Et nous avons lieu d'espérer que les Français qui ont pu
s'égarer dans la boutique de cet indigne exploiteur qui s'est
moqué d'eux, trouveront désormais le moyen de faire un
meilleur usage de leur argent que de continuer à le porter chez
ce saltimbanque juif.

***

Au moment où nous mettons sous presse, nous apprenons
que les avis sont très partagés à St-Etienne au sujet de Jules
May ; les uns prétendent qu'il est juif et d'autres affirment
qu'il ne l'est pas. La correspondance qui va suivre va édifier
tout le monde et dissiper tous les doutes.

A la réception de notre circulaire, ce juif nous a écrit à la
date du 2 février 1898 :

Monsieur R. Sapin 71 cours Gambetta
Lyon

Si votre annuaire ne doit Contenir
Que l'adresse des maisons juives, je
vy prie de ne pas y faire figurer
la mienne, Car je ne suis pas de
cette religion & vy prie d'en prendre
bonne note

De **J. MAY & Cie**   Bien à vous

22 Rue de la Bourse

St Etienne, le 2 Février   *May*

« Bien à vous, » Bien à vous, » qui est-ce qui m'a encore fichu un juif flagorneur comme celui-là ?

Je me demande à quel mobile a bien pu obéir ce vilain juif en se servant d'une formule presqu'amicale vis-à-vis de moi qu'il n'a jamais vu ni connu ?

Croit-il donc que nous avons gardé les Zola ensemble, ce youppin-là ? ou bien a-t-il voulu me passer la main sur le dos pour essayer d'endormir ma vigilance ? Si c'est à ce mobile-là qu'il a obéi il peut s'apercevoir aujourd'hui qu'il s'est singulièrement fourré le doigt dans l'œil.

Nous lui avons immédiatement répondu :

Monsieur Jules May,
22, rue de la Bourse, St-Etienne.

Ce n'est pas la religion qui nous intéresse, Monsieur, MAIS BIEN LA RACE SEULEMENT, et comme nous avons la preuve que vous êtes juif, nous passerons outre à votre interdiction, à moins que vous ne nous apportiez des preuves contraires.

Nous ne voudrions pas vous faire l'injure de vous désigner comme " Maison Juive " si vous n'êtes pas juif, de même que nous ne voulons pas vous oublier si vous l'êtes, vous pouvez en être persuadé.

Vous avez huit jours pour nous prouver que vous n'êtes pas juif.

Recevez...   PH. SAPIN.

Ainsi que nous nous y attendions, ce juif ne nous a pas répondu. Nous lui avons donc écrit de nouveau, le 10 février 1898 :

Monsieur ISRAEL (Jules May),
Marchand de laines et de cotons, sous le nom
de J. May et Cⁱᵉ, 22, rue de la Bourse, St-Etienne.

Vous nous avez menti effrontément, Monsieur, quand vous nous avez dit que vous n'étiez pas juif, de même que vous avez fait une fausse déclaration à la Mairie en vous faisant enregistrer sous le nom de May (Jules)sur les listes électorales, alors que Jules et May ne sont que deux prénoms et que **Israël** seul, est votre nom de famille. Du reste, n'êtes-vous pas le frère de **Israël** (Agathe), mère de Danziger, votre employé ! Répondez ?

Tous vos enfants, filles et garçons, sont enregistrés sous le nom d'**Israël**, avec les prénoms de May Emile, May Adrien, May Henry et May Caroline. A chacun d'eux, vous avez eu soin de donner le prénom de May, afin que tous ces petits youpins puissent trafiquer à leur aise sans être suspectés le moins du monde, en un mot ils continueront les nobles traditions de leur père l'*Hébreu* **Israël** (May Jules). Si ces petits youpins essayent de se cacher, nous nous chargerons de les découvrir.

Quand on prend de telles précautions pour cacher son origine et sa race, Monsieur, ce n'est assurément pas quand on a fait le bien. Mais comme nous avons pris à tâche de faire connaître tous les juifs à nos concitoyens nous allons leur signaler votre cas pour qu'ils sachent désormais l'attitude qu'ils devront avoir lorsqu'ils auront affaire à vous.

Nous comprenons très bien, et vous nous en donnez la preuve, qu'un juif ne puisse que rougir de sa race, *surtout dans les circonstances actuelles*, mais nous ne comprenons pas que l'on aille jusqu'au mensonge pour renier sa race et sa religion. Vous avez fait tout cela vous, Monsieur, et nous voulons le faire savoir aux habitants de Saint-Etienne.

Maintenant que c'est fait nous vous saluons.

Phil. SAPIN.

**

Voici, à titre de curiosité, une lettre que nous avons reçu de St-Etienne ; elle émane d'un Juif qui ne paraît pas content de notre brochure, nous respectons l'orthographe qui nous paraît voulue.

Marque de Fabrique

MORT A LA SOCIÉTÉ
DE LOYOLA
—

St-Etienne, 25 février 98.

Monsieur Sapin, ex-voyageur de cap.... angl..... 71, cours Gambetta, Lyon.

« Sale Jésuite et Co, sale calotin, résidu de sacristie, serviteur du Pape . . . . . .

(Ici se placent trois lignes que nous ne pouvons mettre sous les yeux de nos lecteurs car c'est tout au plus si elles pourraient être lues par Zola).

« C'est à nous Révolutionnaires que ta viande appartient, ainsi que ta sale bande noir qui ce cache derrière toi. — Je vous connais tous mangeur d'hostil, (lisons: hostie)..

« Toi Sapin tu me reconnaitra, tu reconnaitras celui qui t'écrit cette lettre. Quant tu verras le **trapeau rouge** devant ta porte regarde bien celui qui le porteras. C'est celui qui le traverseras avec son épée comme on traversse une ......

« Quant tu verras flotter le trapeau rouge sur Fourvière tu pourras préparer ta viande pourrie ainsi que celle de tes compagnons.

« A bientôt, vive la Révolution.

« Un alsacien, un ancien légionaire que tu as insulté et qui t'em..... Vive la France et l'Alsace Lorraine! Vive l'armée! Vive la République Française! Vive mon ancien capitaine le général Négrier, voila notre frères.

« ...... pour toi ainsi que pour toute l'armée du Pape. »

Sans être affirmatif nous croyons pouvoir dire que cette lettre a été, sinon écrite, mais inspiré par Lucien Weill (Henri Dhorr) ou le juif Robert Blum, 13, rue d'Arcole St-Etienne. Ce dernier a sans doute pensé que cette lettre nous intimiderait et que nous n'oserions plus raconter les histoires que nous avons annoncées sur son compte. Qu'il se trompe, la place nous manque cette fois, mais ce ne sera que différé. En attendant nous avons remis cette lettre au Procureur de la République de Lyon pour qu'il enquête sur ces indications-là. Dans notre prochaine édition nous donnerons la lettre clichée afin que nos amis de St-Etienne puissent, avec l'écriture en mains, nous aider dans nos recherches.

L'assignation ISRAEL (Jules May)
et de Jules May et Cⁱᵉ

Notre brochure était sous presse, et presque terminée, lorsque nous avons reçu une assignation du sieur Israël (Jules May) agissant, tant en son nom personnel que pour le compte de la Maison Jules May et Cⁱᵉ de St-Etienne, pour avoir à comparaître devant le tribunal Civil de Lyon aux fins de nous entendre condamner à faire disparaître de notre brochure les noms et prénoms de M. Israël (Jules May). S'il y avait un juif parmi ceux de St-Etienne qui ait eu le droit de se taire, et de faire le mort, c'était bien cet hébreu menteur ; mais non c'est lui qui ouvre le feu. Eh bien ! puisque ce vilain reptile relève la tête nous allons la lui faire baisser.

A réception de son papier timbré nous lui avons donc adressé la lettre suivante :

Marseille, 3 mars 1898.

Monsieur **Israël** (Jules May), 22, rue de la Bourse.
Saint-Etienne (Loire).

Votre assignation me touche ce matin à Marseille. où je suis venu faire imprimer une nouvelle édition de ma brochure. Je commençais à me désespérer de ne recevoir aucune protestation ni aucune assignation des Juifs de St-Etienne, et je me demandais si ma brochure les avait tous laissés indifférents lorsque j'ai reçu le « petit bleu » que vous m'avez fait adresser par votre copain le juif Brahm, avoué à Lyon.

Si donc n'était le dégoût que vous m'inspirez et le plus profond mépris que j'ai pour votre personne, depuis le jour où vous m'avez menti effrontément pour cacher votre origine juive, je vous dirais que votre assignation m'a fait un immense plaisir, parce qu'elle m'a montré que vous vous êtes senti atteint par ma plublication qui a jeté bas votre masque d'hypocrisie. C'est tout ce que je voulais !

Nous savions bien déjà que les négociants de Saint-Etienne vous avaient mis à l'index depuis l'apparition de notre brochure mais nous n'aurions pas cru que cette désertion fut assez générale pour que vous vous trouviez dans l'obligation de nous poursuivre pour demander la radiation de votre nom dans notre livre.

Dans votre requête vous prétendez que j'excite les Français contre une certaine catégorie de citoyens. Je n'aurais peut-être pas lâché le mot mais puisque vous me l'envoyez je l'accepte. Et si je pouvais être au Palais demain matin, 4 mars, je dirais au Président du Tribunal que j'ai la prétention d'avoir autant de droit à exciter les Français contre les Juifs, que votre compatriote le Juif allemand Reinach prétend avoir le droit de « tout chambarder si on ne lui accorde pas la révision ».

Pensez-vous donc que nous n'ayons pas le droit, nous Français, de commencer à « chambarder » les Juifs au lieu d'attendre d'être chambardés par eux ? Comme nous ne tenons nullement à connaître votre opinion sur ce point nous vous dispensons de nous répondre.

Nous vous disons cependant que nos intentions sont plus pacifiques. Notre préoccupation consiste surtout à rechercher toutes les boutiques juives pour que tous les vrais Français évitent d'y porter leur argent. Nous commencerons d'abord par là, plus tard, nous verrons s'il convient de faire mieux

Nous écrivons au Président du Tribunal pour lui demander un renvoi au mardi 8. Si vous y êtes vous nous entendrez répéter à la barre du tribunal ce que nous vous écrivons aujourd'hui. Mais comme nous avons lieu de croire que nous serons condamnés par défaut nous prenons des dispositions pour que vous ne puissiez faire saisir ce petit livre qui vous effraye tant, et pour cela nous vous faisons constater que votre nom ne figure ni dans les laines, ni dans les cotons, pas plus que dans les soies.

Ceci établi nous vous saluons avec la formule dont s'est servi le vaillant capitaine Bégonen pour saluer votre compère le Judaïsant Traricux.

(signature)

(P-S). Une dépêche nous annonce que le Président du Tribunal nous a accordé le renvoi au mardi 8 mars. Nous donnerons le compte-rendu des débats dans notre prochaine édition.

Les Nouvelles Galeries

Nous portons également la lettre suivante à la connaissance de nos lecteurs :

Saint-Etienne, 25 février 98.

Monsieur Phil. Sapin, Lyon.

Nous lisons dans votre brochure « La Solidarité française » que les « Nouvelles Galeries » sont tenues par une Société juive, alors qu'à St-Etienne beaucoup de personnes croient que cette maison est commanditée par les Jésuites.

Il est vrai que la présence de Madame Démogé à la tête de cette maison facilite cette erreur, car elle est considérée comme une fervente catholique.

Si donc ce bazar est vraiment une boutique juive, il est regrettable qu'elle soit si bien représentée, car elle fait beaucoup de tort aux Maisons françaises de St-Etienne. Et Messieurs les Curés ainsi que nos bonnes Sœurs ne manquent pas de s'y approvisionner.

Un groupe de Stéphanois catholiques et français qui n'aiment pas les « Nouvelles Galeries » JUIVES.

Nous serions reconnaissants à cet aimable correspondant de vouloir bien nous faire connaître son adresse. Qu'il veuille bien compter sur toute notre discrétion.

En attendant nous lui dirons, ainsi qu'aux nombreuses personnes qui désirent être édifiées sur ce point, que la Maison Caulorbe, Demogé et Weil de St-Etienne, connue sous le nom de « Nouvelles Galeries », fait partie d'une série de Maisons dont le siège est à Paris, 66, rue des Archives. Dans la presque totalité de ses Maisons, il s'y trouve un juif dans la raison sociale. A Reims et à St-Etienne, il y a un Weil ; à Limoges, il y a un Léhmann ; à Poitiers, il y a un Lévy, à Lille il y a un Bernheim, etc., etc.

Nous avons tenté des recherches au Greffe du Tribunal de Commerce de St-Etienne aux fins d'y découvrir une acte d'association qui nous donnât quelques renseignements. Nos recherches ont été vaines. Nous croyons, qu'en ce cas, cette Maison est en contravention avec la loi pour n'avoir pas fait de dépôt d'acte d'association.

Si nous ajoutons à cela que la Maison des « Nouvelles Galeries » de St-Etienne, qui a eu connaissance de notre première publication où elle figure, ne nous a jamais adressé la moindre protestation sur la qualification que nous lui donnons, c'est qu'elle nous autorise à croire que les renseignements que nous publions sont exacts. Pour notre part, et jusqu'à preuve du contraire, nous considérons les « Nouvelles Galeries » comme une Maison essentiellement juive, dont Madame Demogé n'est absolument qu'une employé plus ou moins titrée ou intéressée. Voilà notre avis !

*
* *

Les commentaires qui précèdent étaient déjà imprimés lorsque nous avons reçu la lettre suivante de M. Demogé fils que nous publions in-extenso en priant nos lecteurs de vouloir bien la lire avec la plus grande attention.

St-Etienne, le 4 mars 1898,

Monsieur Ph. Sapin,
    71, Cours Gambetta, à Lyon,

« J'ai pris connaissance d'une petite brochure « La Solidarité Française », contenant les noms et adresses de tous les Juifs de St-Etienne et parmi lesquels je relève celui de M. Canlorbe et Cⁱᵉ comme directeur des Nouvelles-Galeries et n'est pas juif.

« Le directeur est Madame Vve Demogé, ma mère, suffisamment et honorablement connue à St-Etienne où depuis plus de trente ans, elle exerce son commerce et ensuite par ses idées excessivement religieuses et les bonnes œuvres qu'elle prodigue depuis ce temps — quant à la Cⁱᵉ, si toutefois il y en a une, ce doit être sans doute mon frère et moi qui l'assistons dans son commerce ; nous avons fait tous les deux nos études chez les frères de la Doctrine chrétienne, 22, rue Désirée à St-Etienne où vous pouvez prendre vos renseignements, nous ne sommes donc pas Juifs non plus.

« Quant à M. Canlorbe que vous nommez c'est mon beau-frère, il est né à la Teste, près d'Arcachon (Landes), de parents catholiques et il est resté catholique, la meilleure preuve en est que ses deux fils sont actuellement pensionnaires chez les Frères Jésuites, rue de Vaugirard, à Paris.

« En conséquence de cela et pour faire cesser tous mauvais propos je vous prie de vouloir faire une rectification dans les deux journaux de St-Etienne : le *Mémorial de la Loire* et la *Loire Républicaine*.

« Dans l'attente de votre réponse je vous présente Monsieur, mes respectueuses salutations,

Ch. DEMOGÉ.

P.-S. J'avais omis de vous dire que, parmi les employés que nous occupons, il n'y a aucun juif et ceci comme principe de la Maison.

*
* *

M. Demogé fils nous apprend ce que nous savions déjà, c'est-à-dire que Madame Demogé mère — est *Directrice* des « Nouvelles Galeries », mais qu'elle n'en est nullement la propriétaire, ce qui n'est pas précisément la même chose.

M. Labarre, le Directeur de la Maison « à Sainte-Barbe », est également un très bon français, lui aussi, mais il n'empêche qu'il n'est absolument que l'humble serviteur d'une bande de juifs, ainsi que nous l'avons démontré tout à l'heure.

Pour dissiper tous les doutes il aurait suffi à M. Demogé fils de nous montrer *un tout petit coin* de l'acte d'association des « Nouvelles Galeries », ce qui nous aurait permis de connaître les patrons de Madame Demogé, et d'édifier en même temps tous les Stéphanois. Ce qui l'édifierait lui-même aussi puisqu'il paraît ne pas savoir s'il est associé avec sa mère.

Nous saluons certainement très haut Madame Demogé, dont on nous dit le plus grand bien, mais si elle ne peut pas nous faire connaître le nom de ses patrons, c'est qu'elle nous autorise absolument à croire qu'elle n'est que l'humble servante d'une nichée de juifs auxquels elle sert de paravent.

Si nous insistons, c'est en raison de la quantité considérable de lettres qui nous sont parvenues au sujet de cette maison qui, pour nous, reste toujours une maison juive tant que Madame Demogé ne nous aura pas donné la satisfaction que les Stéphanois attendent, du reste, avec beaucoup d'impatience.

Quand aux « principes de la Maison » dont M. Demogé fils nous parle dans le post-scriptum de sa lettre, nous lui dirons que c'est *le principe absolu de toutes les maisons juives de ne pas occuper de Juifs.*

Que M. Demogé fils veuille bien prendre la peine de se renseigner au « Bon Génie » et chez les Gompel, et il n'y verra que de bons français, et peut-être même des catholiques les plus fervents.

La mère Cahen du « Petit Paris » de Lyon n'occupe, en grande partie, que des chanteuses d'Église. Cette raison ne nous paraît pas suffisante pour que les bons français continuent à lui porter leur argent.

Quand nous aurons reçu la réponse que nous attendons de Madame Demogé, nous verrons s'il y a lieu d'accorder les insertions dans le « Mémorial » et la « Loire républicaine ».

Jusque-là, nous nous abstenons et nous attendons.

Ph. S.

En raison du rôle tristement célèbre que le romancier pornographe Zola a joué dans les scandales juifs, nous allons montrer à nos lecteurs la réponse qu'il nous a faite lorsque nous lui avons adressé notre circulaire l'informant que nous allions le cataloguer dans notre Indicateur des Juifs. Voici cette réponse :

Monsieur Ph. Sapin

71 Cours Gambetta

Lyon

Je ne suis ni juif ni Italien.

Emile Zola

Rue de Bruxelles. 21 bis

Comment trouvez-vous ce coquin de Zola ? Il dit qu'il n'est « ni Juif, ni Italien » mais il n'ose pas dire qu'il est Français ! Voilà un ordurier qui n'a jamais su écrire que pour salir et baver sur tout ce que nous avons appris à aimer et à vénérer ! Voilà un misérable qui est venu jusqu'à l'âge de 60 ans sans avoir jamais pu trouver la moindre occasion de soulager aucune des infortunes si nombreuses dans notre malheureux pays !

Cauvin et Pierre Vaux, pour ne citer que les plus récents, n'étaient pas, paraît-il, aussi dignes d'intérêt que le traître Dreyfus-Judas ? Et nos deux braves officiers Delguey et Degouy, arrêtés en Allemagne et traduits en Conseil de Guerre pour espionnage, condamnés à 5 ans de forteresse pour avoir servi la France ; leur situation n'est-elle donc pas aussi intéressante que celle de ce gredin de Dreyfus qui les avait dénoncés à ses amis les Allemands ?

Zola n'ignorait pas qu'il y avait là deux belles infortunes à secourir ! Pour condamner ces deux braves, l'Allemagne avait bien usé du huis-clos le plus rigoureux ? Pourquoi, dès lors, le cœur du père de la Mouquette ne s'est-il donc pas attendri ?

Pourquoi ! Oh ! c'est bien simple, et il n'est nul besoin d'être sorcier pour deviner le fond de la pensée de cet homme qui ne s'est jamais servi de son talent que pour baver sur l'Honneur et la Patrie. Un être semblable ne peut avoir qu'un cœur pétri de boue et d'ordures, ces cœurs-là ne sont absolument accessibles qu'aux pièces de cent sous. Et comme les deux braves officiers sus-désignés étaient sans fortune, qu'ils n'étaient pas juifs, mais qu'ils avaient été au contraire trahis et vendus par eux à l'Allemagne, Zola ne pouvait, dès lors, qu'abandonner ces deux officiers français à leur malheureux sort.

Son cœur pourri, comme toute sa personne, du reste, ne devait pas tarder à trouver une occasion de s'épancher. Ruiné par les Juifs qui l'avaient intentionnellement poussé à spéculer sur les *Mines d'Or*, Zola-Nana allait être englouti dans la misère, lorsque ces mêmes juifs qui venaient de lui prendre tout ce qu'il possédait, vinrent lui offrir de le remettre à flot à la condition qu'il apposât sa signature au bas du factum : *J'accuse*, adressé au Président de la République, c'est ainsi qu'il fut fait. A partir de ce moment la conviction de Zola sur l'innocence de Dreyfus était faite.

Les Juifs ont donc pris à Zola tous les millions qu'il avait ramassés dans la boue pour les porter à son agent de change. De ce chef, le Syndicat Juif a pu faire frapper un grand coup sans qu'il lui coûtât un rouge liard, et toute trace de compromission a été évitée. Voilà bien la corruption juive dans toute sa subtilité comme dans toute sa cupidité. Toute la doctrine de la race juive est là.

Et quand on songe à tout le passé de cet immonde plumassier qui n'a jamais été qu'un fuyard et un pleutre, on s'étonne vraiment que des officiers supérieurs de notre armée française, des hommes qui sont l'honneur, la loyauté et la bravoure en personne, aient pu se sentir atteints un seul instant par les attaques d'un semblable individu !

Nous aurions toujours cru que les injures de cet ignoble personnage, ce traître ordurier et orgueilleux, *les injures d'un Zola, en un mot, ne pouvaient absolument que glorifier et honorer ceux auxquels elles s'adressaient ? ?*

Ce qu'il y a de certain c'est qu'un homme descendu aussi bas ne peut plus atteindre personne.

SIGNE DES TEMPS

On nous communique à l'instant un article paru dans « Le Mémorial de la Loire » du 5 mars. Nous l'avons estimé assez intéressant pour en faire part à nos lecteurs, le voici :

Antisémites fin-de-siècle. — De joyeux fumistes ont imaginé un singulier moyen de mener la campagne antisémite. Pas de cris, pas de vociférations qui ont généralement le désagréable inconvénient d'attirer les gardiens de la paix et de vous faire conduire au poste de police voisin. La tactique est plus ingénieuse, plus drôle et plus ... embêtante aussi pour les patients. Oyez plutôt :

Un ou deux membres de la troupe se présentent dans un magasin israélite — une maison de confection, par exemple. On a besoin d'un vêtement ; on fait son prix ; telle nuance vous plaît, on essaie, on essaie encore, on essaie toujours ; le marchand est obséquieux. — Ce pantalon vous va comme un gant. — C'est vrai, mais je le trouve un peu étroit, voyons un autre. Ah ! ce vêtement me siérait bien, mais, diable, le veston est trop court.

Qu'à cela ne tienne. On cherche encore, on remue tout le magasin. Finalement on rencontre le complet rêvé. Le prix est fait ; le commerçant enveloppe soigneusement le colis.

— Ah ! pardon, fait l'acheteur au moment de régler et de prendre livraison de la marchandise, votre maison n'est pas une maison juive, par hasard ?

— Oh ! peut-on dire.

— Voyons un peu, et le prétendu acheteur tire de sa poche une récente brochure, dans laquelle sont catalogués les magasins tenus par des israélites, feuillette, feuillette, puis soudain, indiquant du doigt le nom du commerçant : — Par exemple, vous me la baillez belle ! Tenez donc, est-ce assez précis ? Bonjour, Monsieur, je n'ai pas pour habitude de donner mon argent aux Juifs.

Et il se retire solennellement.

Le fait s'est passé hier dans un magasin de notre ville. Les fumistes qui ont imaginé ce truc, se proposent de continuer leur scie dans tous les magasins qui ont l'estampille juive. Ils auront de la besogne !

De ce qui précède il est un fait bien acquis, le *Mémorial* le déclare lui-même, c'est que des acheteurs sont entrés dans des magasins pour y faire certains achats, et qu'ils se sont empressés de rengaîner leur argent lorsqu'ils se sont aperçus qu'ils étaient chez des Juifs. Voilà donc qui est bien établi et qui prouve, avant tout, les résultats efficaces de notre publication.

Le *Mémorial* essaye bien de nous dire que c'est là « une petite scie », « l'œuvre de joyeux fumistes », etc., etc. Tout cela est très joli, mais qu'en sait-il ? Qui nous prouve que ce ne sont là que des fumistes et non des acheteurs sérieux ? De qui le *Mémorial* tient-il le fait si ce n'est des intéressés eux-mêmes, c'est-à-dire les Juifs ? Dans ce cas pourquoi accorder tant de crédit en la parole de gens si directement intéressés à cacher la vérité ? Et enfin ! si cette hypothèse pouvait être admise l'article en question devenait alors complètement inutile.

Mais le fait signalé n'étant pas isolé, et les « joyeux fumistes » n'étant autres que tous les habitants de St-Etienne bien décidés à ne plus donner leur argent aux Juifs, ceux-ci ont jugé opportun d'aller porter leurs doléances au journal le plus influent — et le plus répandu nous dit-on — en le priant de vouloir bien annoncer le fait à ses lecteurs et de le présenter surtout sous forme de fumisterie.

En cette circonstance le *Mémorial* nous paraît s'être laissé adroitement duper par les Juifs. Sinon, c'est qu'ayant constaté l'accueil empressé fait à notre brochure par les habitants de St-Etienne, l'intelligent Directeur du *Mémorial* a sans doute estimé que, s'il ne faillait pas dévorer la chèvre juive, il ne fallait pas non plus manger le choux antisémite. C'est alors qu'après avoir constaté qu'il y avait des gens qui ne voulaient plus acheter chez les Juifs, le *Mémorial* a imaginé le coup des « joyeux fumistes » ou des « antisémites fin de siècle ».

Nous croyons que le journal de Monsieur Thomas eut été mieux inspiré en donnant à son article le titre de : **SIGNE DES TEMPS.**

Ph. S.

P.-S. — Les commentaires qui précèdent répondent également à l'article du 5 mars de *La Loire Républicaine*. Décidément les Juifs ont la frousse! Nous reconnaissons qu'on pourrait l'avoir à moins.

NOMENCLATURE

des grandes familles de France alliées aux Juifs

Le duc de Richelieu, 25, f. St-Honoré, marié à la juive *Heine*.
Le prince de Wagram, 15, aven. de l'Alma   d°   *Rothschild*.
Le prince de Ligne, 37, aven. Champs-Elysées d°   d°
Le duc de Grammont, 52, rue Chaillot   d°   d°
Le baron Zuylen de Nievelt, 70, av. bois de Boulogne d°
Le prince Murat, 9, square de Messine   d°   *Echingen*.
Baron Georges Plancy, 37, aven. de l'Alma   d°   *Oppenheim*.
Duc de Fitz-James, 22, r. Fabert   d°   *Lowenhsen*.
Cte Robert Fitz-James, 41, r. Ecuries d'Artois   d°   *Guttmann*.
Prince Fd Lucinge-Faucigny, 12, r. Poitiers   *Cahen d'Anvers*.
Cte Gourgaud du Taillis, 19, aven. Marceau   *Cahen d'Anvers*.
Duc de Rivoli, 8, r. Jean Goujon   d°   *Furtado-Heine*.
Saint Paul de Sincay, 60, r. Pierre Charron   d°   *Fould*.

Vicomte Marc de St-Pierre, 171, b. Hausmann d°   *Cohen.*
Comte de Saint Roman, 76, av. Kléber   d°   *Slidell.*
Marquis de St-Jean-Lantilhac, 26, r. Galilée d°   *Oppenheim*
Baron de Daye, 58, aven. Grande Armée   d°   *Oppenheim*
Comte Raoul de Quelen, 42, r. Copernic   d°   *Oppenheim*
Vicomte d'Harcourt, 9, r. Constantine   d°   *Sina.*
Vicomte de la Panouze, 32, r. St-Dominique d°   *Heilbrom.*
Marquis de Noailles, 2, r. Saïgon   *Greffulhe-Lakmann.*
Le duc de Castries   d°   *Sina.*
Le duc de la Rochefoucauld   d°   *Rumboldt.*

Il y en a d'autres sur le compte desquels nous enquêtons et que nous citerons lorsque nous serons sûrs de ce que nous avançons.

En attendant, voilà déjà une jolie bande de gaillards qui n'ont vraiment pas été dégoûtés pour en arriver à contracter de pareilles alliances !

Ce n'était vraiment pas la peine de descendre des Croisés pour descendre si bas. Quand on fait des chutes semblables on est irrémédiablement perdu.

TRIBUNAL CIVIL DE LYON
Siégeant en référés
(Audience du mardi 8 mars 1898)

Il est une heure 10. Le Greffier : affaire Israël (Jules May) contre Sapin — ce dernier seul est présent. M. Israël (Jules May) est représenté par Me Brahm, avoué Israélite. — Expliquez-vous M. Sapin, dit M. le président.

— C'est bien simple. Tout d'abord je demanderais au Tribunal de vouloir bien me laisser relever un passage de l'assignation que j'ai reçue et où il est dit qu'en publiant le nom de M. Israël (Jules May), je le signale « à la haine et à l'animosité publique, » parce qu'à cela je répondrais que Messieurs les Israélites, par les scandales auxquels ils nous font assister depuis plusieurs mois, se sont bien plus signalés « à la haine et à l'animosité publique » que toutes les publications que je pourrais faire. (Rires sur tous les bancs, M. le président impose silence).

M. le président me fait alors remarquer que le nom étant la propriété d'une personne, nul n'a le droit de s'en servir sans son consentement.

Je ne dis pas non, M. le président, mais dans le cas qui nous occupe, M. Israël (Jules May) me paraît moins gêné, de voir son nom publié dans une liste de juifs, que de voir que j'ai découvert et divulgué son origine juive qu'il cachait avec un soin tout particulier.

En l'état, maintenant que j'ai publié le nom de M. Israël (Jules May) si je le rayais de mes listes on ne se gênerait pas pour dire que j'ai été payé pour cela. Et comme je ne puis laisser prendre corps à une pareille légende, je ne bifferais le nom de M. Israël (Jules May) dans la catégorie des commerçants, qu'à la condition de déclarer que je ne le fais que pour obéir aux injonctions du Tribunal. Dans ce cas, le nom de M. Israël (Jules May) se trouvera bien plus souligné qu'en laissant les choses en l'état. (Nouveaux rires).

S'adressant alors à Me Brahm M. le Président lui demande ce qu'il a à dire. Pour toute réponse l'avoué d'Israël (Jules May) se contente de lire toute la correspondance que j'ai échangée avec ce dernier.

Il n'y a qu'une chose à regretter c'est que Me Brahm se soit laisser démonter à ce point de ne pas avoir osé lire ses lettres d'une voix assez haute pour que l'auditoire pût les entendre. Le silence qui se faisait dans la salle pendant tout le cours de ces débats montrait assez que le public les écoutait avec un intérêt particulier.

A un moment donné j'ai dû interrompre Me Brahm qui cherchait à dénaturer le sens de la lettre de Israël (Jules May).

J'en ai immédiatement profité pour faire remarquer au président qu'il serait peut-être préférable que le Tribunal ait sous les yeux un exemplaire de ma brochure afin qu'il pût statuer en plus parfaite connaissance de cause.

M. le président ayant été de cet avis je me suis empressé de lui remettre le seul exemplaire qui me restait.

A ce moment M° Brahm indique à M. le président les numéros des pages où se trouve relatée ma correspondance avec Israël (Jules May). J'en profite, à mon tour, pour désigner au président les pages où est relaté le discours du Rabbin de Londres et j'ai ajouté : Quand le tribunal aura lu ces quelques lignes il devra reconnaître que, non-seulement nous n'attaquons pas les Juifs en donnant leurs noms, mais que nous ne faisons, au contraire, que nous défendre contre leurs attaques et leur invasion toujours menaçante.

C'est alors que M. le président nous annonce que le jugement sera rendu samedi et nous nous retirons.

J'étais déjà à quelques pas du tribunal lorsque M. le président me fait remarquer qu'il garde ma petite brochure.

Mais je crois bien, Monsieur le président, c'est avec plaisir que je vous l'offre. (Explosion de rires dans l'auditoire).

P. S.

AVIS

M. Phil. Sapin, l'auteur de cette brochure se tient à la disposition de Messieurs les Commerçants non-Juifs, de toutes les villes de France, qui voudraient suivre l'exemple de ceux de St-Etienne.

Moyennant une petite souscription l'auteur s'engage à faire tirer un certain nombre d'exemplaires de la liste des Juifs de leurs villes respectives.

En souscrivant à une publication de cette nature Messieurs les Commerçants non-Juifs trouveront là, non-seulement une publicité excellente et peu coûteuse, mais ils auront encore la satisfaction de remplir un devoir patriotique. Ils comprendront qu'ils soutiennent leurs intérêts en fournissant les moyens d'arrêter l'invasion juive.

www.ingramcontent.com/pod-product-compliance
Lightning Source LLC
Chambersburg PA
CBHW070853280326
41934CB00008B/1425